KB014323

시사중국어사

초판발행 2019년 3월 10일
1판 3쇄 2022년 4월 20일

저자 차오팡, 오현주
책임 편집 최미진, 가석빈, 高霞, 엄수연
펴낸이 엄태상
디자인 진지화
콘텐츠 제작 김선웅, 김현이, 유일환
마케팅 이승욱, 왕성석, 노원준, 조인선, 조성민
경영기획 마정인, 조성근, 최성훈, 정다운, 김다미, 오희연
물류 정종진, 윤덕현, 양희은, 신승진

펴낸곳 시사중국어사(시사북스)
주소 서울시 종로구 자하문로 300 시사빌딩
주문 및 교재 문의 1588-1582
팩스 0502-989-9592
홈페이지 http://www.sisabooks.com
이메일 book_chinese@sisadream.com
등록일자 1988년 2월 13일
등록번호 제1 - 657호

ISBN 979-11-5720-114-3 14720
979-11-5720-121-1 (SET)

교재 서문

중국에는 아무리 노력해도 너무 많거나 어려워 마스터할 수 없는 세 가지가 있습니다. 첫째는 다채로운 조리법과 풍미를 지닌 '미식(美食)', 둘째는 광활한 영토의 선물 같은 '절경', 마지막은 한자로 가득한 '중국어'가 그것입니다. 그만큼 중국인들도 완벽히 익히기가 어렵다는 의미일 텐데요. 그 난해한 중국어를 외국인들에게 10년 넘게 가르치고 있으니, 저에게는 하늘이 주신 운명과 같은 과업이란 생각이 듭니다.

저는 2005년 중국 베이징에서 파견 온 한국기업의 주재원에게 중국어를 가르친 것이 계기가 되어 이 길로 들어서게 되어, 지금은 베이징, 톈진, 시안, 상하이에 분원을 두고 전세계 글로벌 기업의 중국 파견 직원들과 재중 외교관들을 수강생으로 둔 PALM중국어학원을 운영하는 원장입니다. 물론 여전히 현장에서 뛰는 선생님이기도 한데요, 학생들과 호흡하며 성장을 목격하는 것은 가슴 벅차게 신나는 일입니다.

사실, 제 학생들은 주로 글로벌 기업의 CEO들입니다. 중국에 진출한 기업의 미래를 진두지휘하며 치열한 하루를 보내는 이들이니, '천천히', '차근차근' 중국어를 배울 틈을 내기란 불가능합니다. 때문에 '빠르고 효과적'으로 중국어를 말할 수 있게 가르치는 것이 저의 미션이 된 지 오래입니다. 제 제자들이 하루라도 빨리 입을 떼고, 대화할 수 있도록 다양한 방법을 적용해 왔고, 그것이 10년의 노하우로 남게 되었는데요. 이것을 모아 담은 것이, 바로 〈10일 중국어(기초·초급)〉입니다. 대형 서점에 가보면 '첫걸음', '독학', '기초'라 이름을 단 중국어 책들이 무수히 많이 보입니다. 그만큼 기초 학습자의 수요가 많다는 이야기이고, 시장 입장에서 보면 포화상태란 뜻이기도 합니다. 그러나 저는 이 책이 또 하나의 '기초 책'이 아닌 유일한 '기초 중국어 책'임을 자부합니다.

#1 간단(简单) : 중국어 공부에 대한 자신감을 줍니다.

일반적으로 외국어를 처음 배울 때 쉬운 단어와 문법이 열거된 책을 고르기 마련입니다. 그런데 대다수의 이렇게 만들어진 책들도 초보자들에게는 여전히 쉽지 않습니다. 이 책은 중국어가 모국어인 '한국어'와 어떻게 다른지부터 시작합니다. 익숙한 것과의 비교이니 접근부터 쉽습니다. 이렇게 공부하다 보면 어느새 실력이 늘고 자신감이 붙게 됩니다.

#2 실용(实用) : '내가 필요한 말'을 바로 말하게 됩니다.

이 책은 '발음'에서 시작합니다. 입을 열어 듣고 따라 하다 보면 자연스럽게 단어를 구성하게 되고, 이 단어를 조합해 문장을 만들 수 있게 됩니다. 즉 먼저 회화 내용을 보고 단어를 외우고 문법을 공부하고 발음 연습을 해야 하는 기존의 학습서와는 달리, 발음 공부를 하다 보면 자연스럽게 하고 싶은 말을 할 수 있게 되는 '거꾸로' 학습법입니다.

#3. 효율(高效) : 짧은 시간에 효과적으로! 10일이면 가능합니다.

이 한 권에 기초 중국어의 모든 것을 담았습니다. '중국어는 어떤 언어인지', '어떻게 발음하는지', '문장은 어떻게 구성되고 어디에 쓰이는지' 등 중국어 전체를 한 눈에 파악할 수 있게 되고 확실한 기초 실력을 갖추게 하는 것이 목표입니다. 딱 10일만 투자하면 여러분에게도 '중국어'라는 새로운 세계가 열리게 될 것입니다.

마지막으로, 이책의 초고를 학습하시며 효과를 직접 증명해 주신 은사이신 나일주 서울대학교 교육학과 교수님께 감사드립니다. 교수님의 SPAT 이론은 이 책의 뼈대를 만들고, 구성을 탄탄하게 하는 데 큰 역할을 했습니다. 더불어, 학습자 입장을 대변하여 다양한 아이디어를 주신 함희혁 前 중국SKT 대표님, 중국어 회화책을 낸 경험을 바탕으로 최종원고 탈고에 조언과 혁혁한 도움을 아끼지 않은 중국어 능통자이자 오랜 벗 전은선님께도 감사의 말씀을 전합니다. 학습자들이 최대한 쉽고 빠르게 집중할 수 있도록 하려다 보니, 매 단원의 구성이 달라야 했습니다. 까다로운 편집을 능숙하고 정성스럽게 완성해 주신 최미진 시사중국어사 팀장님께도 감사와 존경의 마음을 보냅니다.

2019년 2월

저자 曹芳 차오 팡

교재 서문

본 교재는 중국어를 처음 배우는 단계에서 반드시 알아야 하는 가장 기본적이고 중요한 내용을 언어구조와 표현을 중심으로 구성하였습니다. 바로 이 점이 대화 형식으로 구성된 기존의 교재와 차별화된 특징입니다.

본 교재는 다음에 중점을 두었습니다.

1. 발음을 한꺼번에 다 끝내는 것이 아니라 각 과에 나누어 배치하고, 발음을 중심으로 관련 단어와 문장을 익힌 후 확장된 표현을 연습하는 순서로 구성됩니다.
2. 중국어 문장 구조를 한국어와 비교해 문장구조의 차이를 직관적으로 보여주어 중국어 어감을 갖는 데 도움이 될 수 있습니다.
3. 학습자가 최종적으로 수행해야 하는 미션을 각 과에 제시하여 학습한 내용을 정리하고 점검할 수 있도록 하였습니다.
4. 단기간에, 독학이 가능하도록 기획하고 구성하였습니다. 단, 발음은 반드시 녹음을 따라 연습해야 합니다.

여행이나 출장을 위해 중국어 회화를 잘 하고 싶으세요? 중국어 자격증이 필요하세요? 이 교재로 시작해보세요. '이것만은 꼭'이라는 기초를 단단히 다져 여러분 각자의 목표를 이루시길 바랍니다. 끝으로 출판의 기회를 준 시사중국어사, 함께 고생해주신 최미진 팀장님과 편집부에 깊은 감사를 드립니다.

2019년 2월

저자 오현주

차례

추천의 말

나일주 서울대학교 교육학과 교수

차오팡 선생의 언어교육에 대한 열정은 그녀의 중국어 입문서의 오선지 위에 표현됩니다. 중국어가 사성을 가지며 이는 음의 높이로 표현되는 음악에서의 악보와 비슷하다는 생각에서 비롯된 것입니다. 본인은 이를 높이 평가합니다. 음의 높이와 소리로 표현되는 청각의 영역이 오선지 위에 시각적 형태로 표현됨으로써 기억과 회상을 쉽게 해주기 때문입니다. 본인은 이 책이 나오기 이전 원고 상태에서 이 책의 내용을 온라인 원격교육으로 공부하였는데, 재미있고 즐거운 경험이었습니다. 굳이 평가한다면 나는 이 책에 만점을 주겠습니다. 처음으로 중국어를 배우는 분들에게 꼭 권하는 바입니다. 쉽게 첫 문턱을 넘을 수 있기 때문입니다.

박정민 SK플래닛 마케팅플랫폼 부문장

저는 이 책의 내용을 가지고 중국인 선생님과 온라인으로 공부했습니다. 사실 회사 일이 너무 바쁘기 때문에 공부가 쉽지는 않았지만, 이 책의 내용은 PPT의 형식으로 구성되어 있어서 핵심적인 내용만 뽑아 쉽게 이해할 수 있었고, 또 배운 내용을 반복해서 연습하게 되어 있어서 별도로 복습할 필요가 없었습니다. 짧은 시간에 10개 과의 내용을 공부하고 나면 바로 중국어로 간단한 대화를 나눌 수 있고, 중국어로 자신의 상황을 설명할 수 있다는 것이 가장 큰 장점이라고 생각됩니다. 이 책을 시리즈로 출간하여 직장인에게 맞는 비즈니스 중국어 편이 출간된다면 더욱 좋을 것 같습니다.

황근아 직장인

중국 어학연수를 앞두고 오현주 교수님의 강의를 들었을 때, 정말 머리에 쏙쏙 들어오는 내용에 '배우는 게 이렇게 즐거울 수 있구나!' 했는데, 그 내용이 교재로 출판되어 많은 사람들이 함께 공유할 수 있게 되었네요. 중국어는 발음이 어렵고 한자가 외우기 힘들다고 들었는데, 이 책은 발음을 기반으로 배우니 일단 발음은 전혀 힘들지 않았고요! 또 배운 발음에서 연상되는 한자를 배우니 한자도 쉬웠어요. 저처럼 모두가 쉽고 재미있게 배울 수 있는 중국어 교재의 출판을 축하합니다!

이상현 울산대학교 항공우주공학과 교수

새로운 언어를 배우는 것은 미지의 세계로 떠나는 모험과도 같습니다. 중국어의 첫 관문 앞에서 머뭇거리고 있을 때 오현주 교수님을 만난 것은 참 행운이었습니다. 북경사범대 박사 출신답게 체계적으로 중국어에 접근할 수 있도록 도와 주셨습니다. 수업 때마다 성장하는 자신을 발견하는 즐거움은 무엇과도 견줄 수 없었습니다. 이 번에 나오는 책은 모험 중에 길을 잃을지라도 든든하게 붙잡아 줄 길잡이가 될 것 같습니다.

함기현 대학생

몇 년 전 베이징 팜학원에서 2주간 차오팡선생님의 강의를 들으며 중국어 공부를 했었습니다. 당시 중국어에 생소한 나에게 초보자용 학습서들은 난해하기 그지 없었는데, 그때 차오팡 선생님의 쉬운 학습법이 큰 도움이 됐었습니다.

이번에 출간되는 〈10일 중국어〉의 내용을 보니 초보자들이 쉽게 중국어의 기초를 다질 수 있게 되어 있고, 누구든 이 책으로 각 과의 미션을 완수하면서 공부해나가면 쉽게 중국어 초보자의 경계를 넘을 수 있을 것이라는 확신이 드네요. 저도 이 책으로 다시 한번 중국어의 기초를 다지고 새로운 희망을 갖고 중국어 공부를 시작해야겠어요.

이진협 대학생

중국어는 처음에 어떻게 배우느냐가 가장 중요한 것 같습니다. 중국어를 처음 접하면서 발음이든 한자는 막연히 어려울 거라고 걱정했는데, 이 교재의 내용을 공부하며 중국어 발음과 성조의 학습을 통해 단어와 문법까지 쉽고 또 확실하게 연습할 수 있었습니다. 간단해 보이지만 충실한 설명으로 기초 중국어를 마스터하여 중국어 실력이 일취월장 할 수 있었습니다. 짧은 기간이지만 중국어를 직접 말할 수 있게 도와주신 오현주 교수님께 감사 드립니다. 〈10일 중국어〉와 같은 좋은 책이 출간되어 저와 같이 중국어를 접해보지 못한 많은 사람들이 중국어의 문턱을 쉽게 넘을 수 있게 도와주면 좋겠습니다!

교재의 특징

본 교재는 '**발음 ➡ 단어 ➡ 문장 ➡ 대화 및 응용**'의 형식으로 구성된 새로운 왕초보 중국어 교재입니다. 발음을 공부한 후, 배운 발음을 가지고 연습할 수 있는 단어와 문장을 단계별로 학습하여 대화로 응용하고 주어진 미션을 성공시킬 수 있게 함으로써 부담 없이 자연스럽게 학습되도록 유도합니다.

QR 코드로 편리하게 해당 페이지의 mp3를 들어 보세요!
본 교재의 MP3는 홈페이지를 통해서도 다운로드 가능합니다!

발음

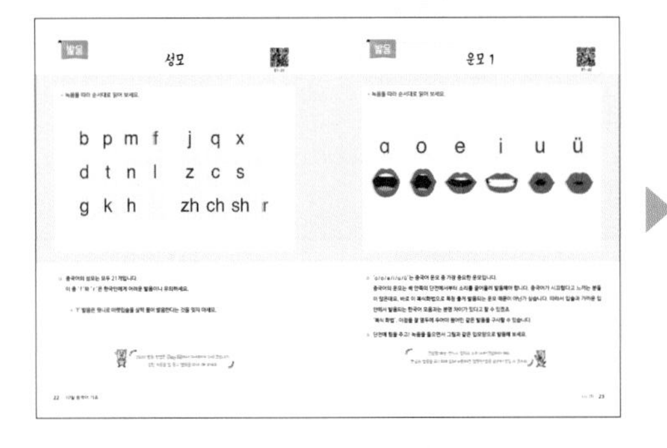

매 과에서 제일 먼저 발음을 학습합니다. 중국어는 특히 발음이 중요하기 때문에 발음만 정확하게 할 수 있어도 중국어 학습의 반은 끝났다고 할 수 있습니다.
발음을 반복 연습하는 방식으로 정확한 발음 습관을 기를 수 있습니다.

단어

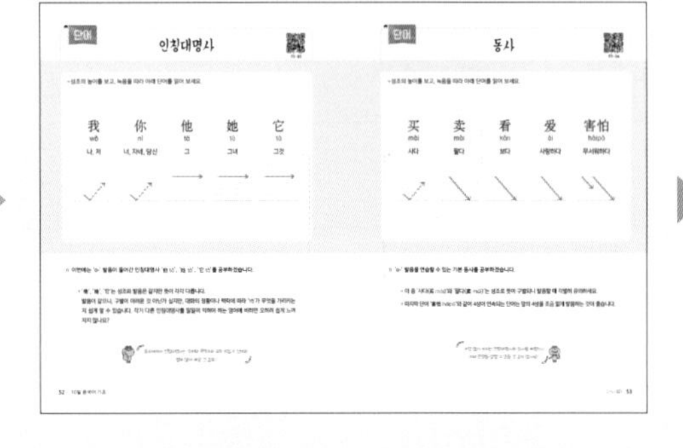

발음이 입에 익었다면 단어는 더욱 쉽게 익힐 수 있습니다. 당장이라도 나가서 써먹을 수 있는 쉬운 단어의 발음을 이미 입에 익혔기 때문이지요!
이제 문장으로 엮어봐야죠! Go Go~!

BJ PEI 선생님이 함께한 무료 학습 동영상을 만나 보세요! 친절하고 재미있는 영상으로 중국어 공부는 PEI 선생님과 함께!

언제 어디서든 QR코드만 찍으면 그곳이 바로 중국어 교실!

문법 및 문장

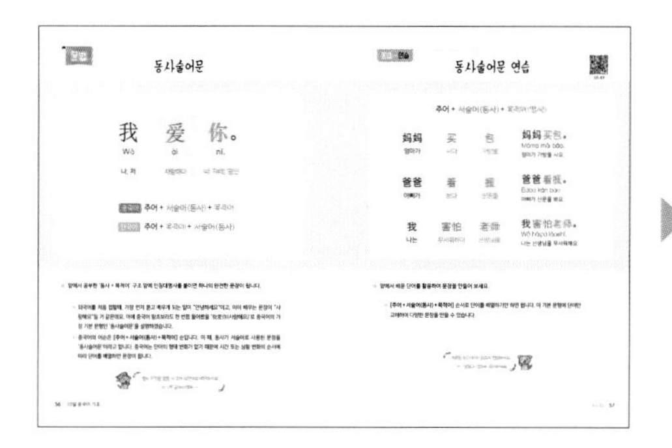

중국어는 쉬운 단어들을 연결만 잘 해도 문장이 됩니다. 문장 구조를 한 눈에 보여주는 문법 학습 페이지를 보며 문장 구조를 익혀 보세요. 기본 문장 구조만 알아도 중국어 참 쉽네! 하면서 즐겁게 공부할 수 있습니다~

대화 및 응용

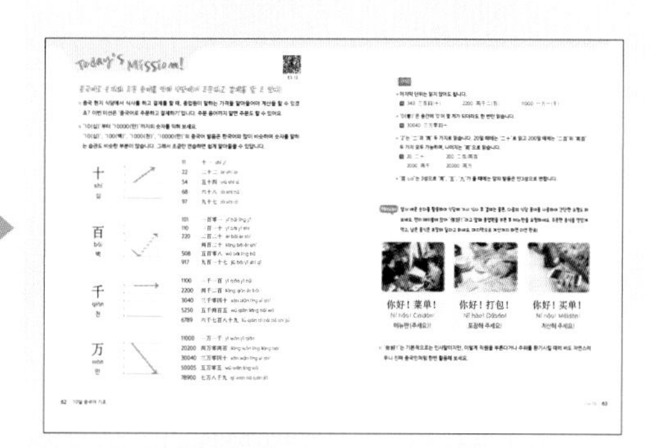

발음과 단어, 문장까지 학습하였으면 정말로 내 중국어가 통하는지 궁금해지겠지요? 배운 내용을 응용해 보고 내 실력을 업그레이드해 볼 수 있는 미션 코너! 주어진 미션을 클리어~ 하면 다음 내용으로 직진할 수 있습니다!

교재의 구성

총 3단계 학습 포인트를 10일간 학습하여,

중국어 발음 완벽 해결!

+

완성형 문장 말하기!

+

新HSK 1급 달성은 보너스!

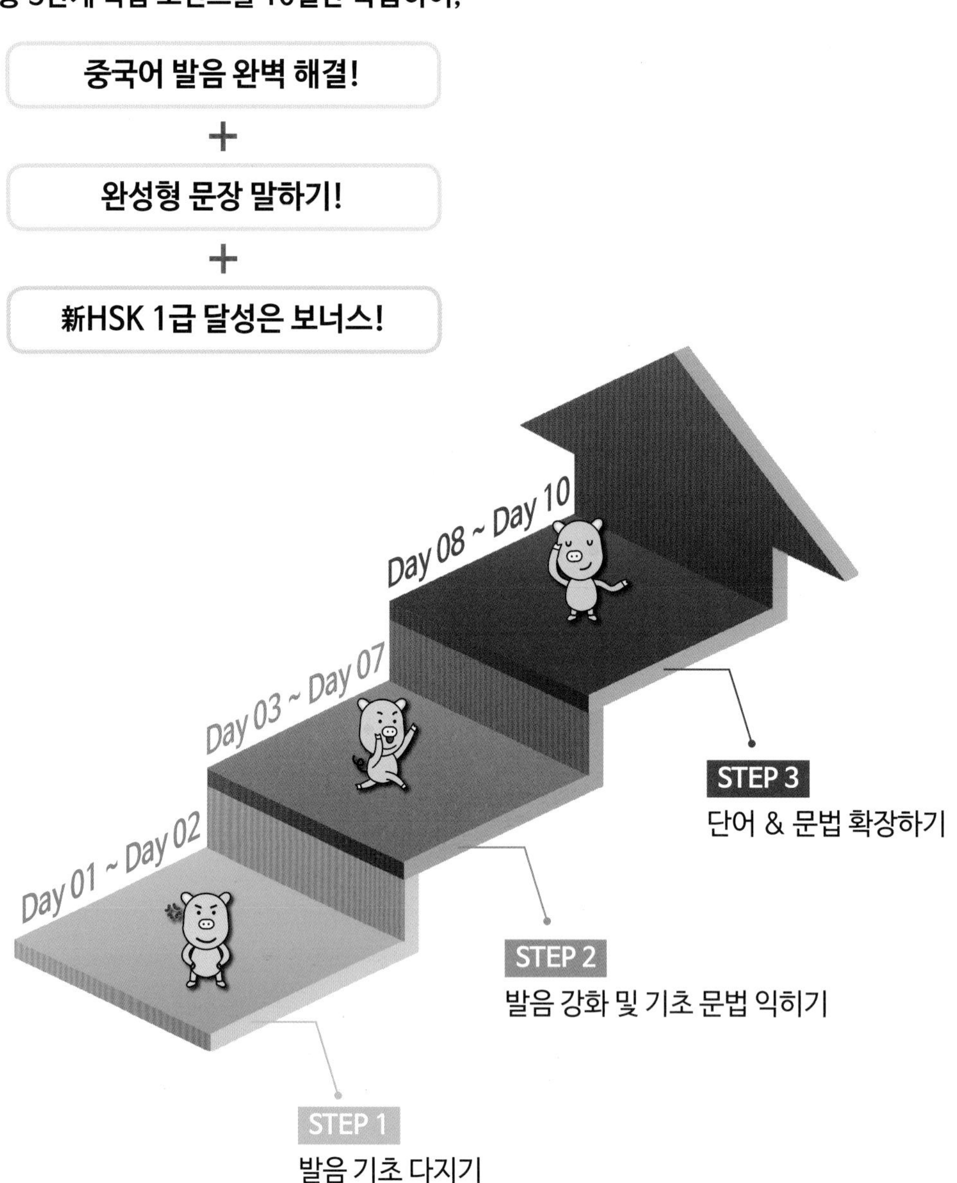

단계	과	학습중점	학습내용	학습목표
STEP 1	Day 01 ~ Day 02	발음 기초 이해	- 한어병음(성모, 운모) - 성조, 경성	중국어 발음의 기본적인 내용을 이해하고, 발음할 수 있다.
STEP 2	Day 03 ~ Day 07	발음 강화	- 운모 중심으로 발음 연습 - 3가지 성조 변화 규칙	중국어 발음을 반복 연습하여 정확한 발음을 구사할 수 있다.
		기초 문법 파악	- 술어문 익히기 - 의문문·부정문 학습하기	중국어 문장의 기본 구조를 이해하고 활용할 수 있다.
STEP 3	Day 08 ~ Day 10	단어 & 문법 확장	- 성모 중심으로 발음 연습 - 상용 단어 & 문법 확장 - 新HSK 1급 단어 & 문법	기본 문형과 문법을 바탕으로 상용 단어를 활용하여 문장을 만들 수 있다.

중국어란?

중국 인구의 90%를 차지하는 한족의 언어(汉语)
56개 민족, 100개 이상의 방언!
베이징 발음을 기초로 한 '보통화(普通话)'

》 중국어를 본격적으로 공부하기 전에 중국어에 관한 몇 가지 내용을 알아봅시다.

- **한어(汉语) & 중국어(中文)**
  한국에서는 보통 '중국어'라고 하지만 중국에서는 '한어(汉语 Hànyǔ)'라고 합니다. 중국 전체 인구의 90%를 차지하는 한(漢)족의 언어를 의미하지요. '汉语(한어)'의 '汉 Hàn'과 '韩语(한국어)'의 '韩 Hán'의 발음이 같아서 혼동하기 쉽습니다. 단, 성조가 다릅니다. '中文(Zhōngwén)'이라 말하면 한국어로 잘못 알아듣는 일은 없겠죠?

- **보통화(普通话)**
  한국에서 흔히 말하는 '만다린'이 바로 '普通话 pǔtōnghuà'입니다. '普通'은 '널리 통한다'는 뜻으로, '普通话'는 '널리 통하는 말'입니다. 중국에는 56개 민족이 있고, 100개 이상의 방언이 있습니다. 방언끼리는 의사소통이 안 되기 때문에 전국 공통의 표준어가 필요하여, 1955년 '널리(普) 통(通)하는 말'이라는 뜻의 '보통화(普通话)'를 표준 중국어로 규정하고 TV, 신문, 학교 등 공식 장소에서 사용하고 있습니다. 우리가 배우려는 것이 바로 이 '普通话'입니다.

Intro

중국어의 한자란?

» 중국은 한국에서 쓰는 한자와 같은 한자를 쓸까요? 아닙니다!
중국에서는 복잡한 한자의 필획을 줄여 간략하게 만든 '간체자(简体字)'를 씁니다.
위의 예를 보세요. 한자 모양이 다르죠?

» 하지만, 대만과 홍콩에서는 한국과 같은 전통 한자인 정체자를 쓰는데, 이것을 '번체자(繁体字)'라고 합니다.
'中'자처럼 모양이 같은 것도 있습니다.

중국어 vs 한국어- 차이점

	문자	성조	어순	단어형태의 변화	띄어쓰기	격조사
중국어	표의	○	동사+목적어	×	×	×
한국어	표음	×	목적어+동사	○	○	○

» 중국어와 한국어의 비교를 통해 중국어의 특징을 정리해 보겠습니다.

- 중국어의 성조를 한국어의 억양 정도로 생각하는 사람들도 있습니다. 한국어는 억양이 이상해도 알아들을 수 있지만, 중국어는 성조가 틀리면 정확한 의사전달이 안 됩니다. 발음이 같아도 성조가 다르면 뜻이 달라지기 때문입니다.
- 어순을 보면 중국어는 동사가 목적어 앞에 위치합니다. 이 점 때문에 중국어가 영어와 문법구조가 같다고 생각하는 경향이 있습니다. 그러나 실제로는 한국어와 유사한 부분이 더 많습니다. 좀 더 배우다 보면 이 점을 금새 느낄 수 있을 거예요.
- 중국어는 단어의 형태가 변하지 않기 때문에 과거, 현재, 미래에 따른 시제 변화가 없습니다. 또한 주격조사(은, 는, 이, 가)와 목적격조사(을, 를)도 없습니다. 어때요? 해볼 만하죠?

한자와 성조를 외워야 하는 부담이 있지만,
단어나 문장을 읽고 말하다 보면 자연스럽게 익혀집니다.

Intro

중국어 vs 한국어- 유사점

유사점

단어 52.1%

문장구조

- 我的 ➡ 나의
- 很好。 ➡ 아주 좋아요.
- 有没有? ➡ 있어요 없어요?
- 我在中国学习。 ➡ 나는 중국에서 공부해요.

※ 참조 〈우리말 큰사전〉의 한자어 비율

» 언어학적으로 한국어와 중국어는 전혀 다른 유형으로 분류되지만, 실제로는 유사한 점이 매우 많습니다.

- 한국어 어휘에 한자어가 많은데, 이중 상당수가 중국어와 의미적으로 일치하며 발음에도 어느 정도 규칙성이 있습니다.
- 문장구조에 있어서도 한국어를 그대로 중국어로 바꾸어 표현할 수 있는 대응구조가 많습니다. 어순과 보어를 제외한 나머지는 오히려 영어보다 한국어와 더 비슷하답니다.

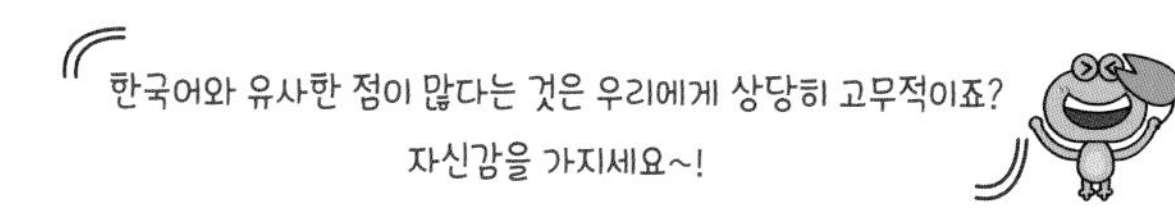

자기소개 하기

토크하기

스피드 퀴즈

일기 쓰기

메시지 보내기

약속 잡기

식당에서 주문하기

쇼핑하고 흥정하기

Day 01

Today's Mission!

중국어 인사말을 익혀
스마트폰으로 중국어 메시지를 보낼 수 있다!

한어병음이란?

한어병음 = 알파벳 + 성조 표기

한어병음 ······ Zhōng guó

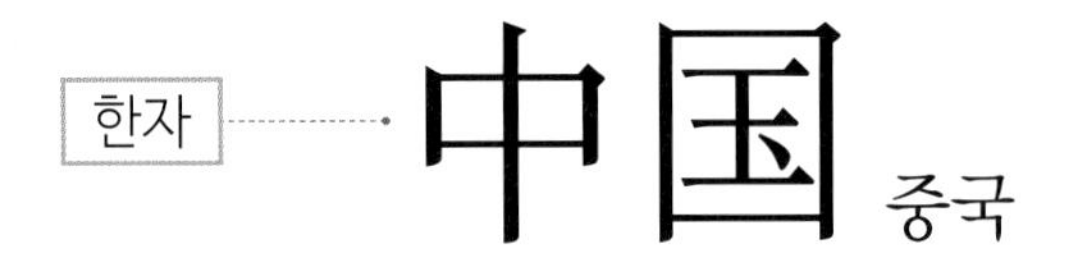

- **한어병음**(汉语拼音): 한자는 표의문자로, 글자 자체로 뜻은 표현할 수 있지만, 소리는 나타내지 못합니다. 이에 중국에서는 1958년 알파벳을 사용한 발음 표기법을 만들었는데 이것을 '한어병음'이라고 합니다. 이 한어병음으로 표기하는 발음은 보통 한자 위 또는 아래에 표기합니다.
- **성조**(声调): 한어병음에 음의 높낮이를 나타내는 성조를 붙여 발음을 표시합니다.
- **한자**(汉字): 중국어를 공부하는 외국인들에게 가장 부담되는 것이 바로 한자입니다. 특히 한자 문화권이 아닌 서양인들에게 한자는 마치 하나의 '그림'처럼 보인다고 합니다. 그래서 한자는 보지 않고 발음만 보고 공부하는 경우가 많은데, 발음이 같아도 뜻이 다른 한자가 많기 때문에 반드시 한자도 함께 익히며 공부해야 합니다. 그러나 한자를 달달 외울 필요는 없습니다. 요즘은 거의 휴대전화나 컴퓨터로 한자를 찾아 입력하기 때문에 눈으로 보고 익숙해지기만 하면 됩니다.

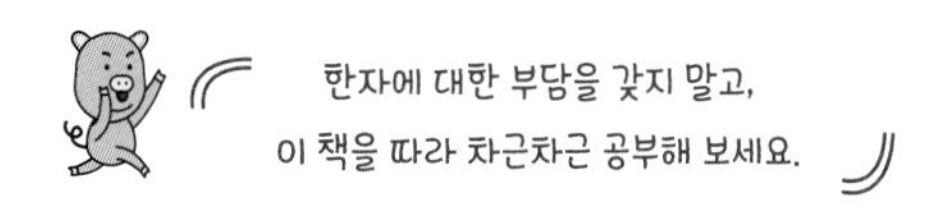

한어병음의 구성

» 쉽게 말하면 한국어의 자음을 중국어의 '성모', 모음을 '운모'라고 합니다.

» 알파벳 자모를 사용하지만 영어와 다르게 발음되는 것이 있으므로 유의해야 합니다.

- **성모**: 음절 첫머리에 오는 자음 [한국어의 자음에 해당]
- **운모**: 성모를 제외한 나머지 부분 [한국어의 모음에 해당]
- **성조**: 운모 위에 표시된 부분
  중국어의 성조는 4개이고, 모양은 실제 발음의 높낮이와 비슷합니다. 위의 단어 '韩国(한국)'는 2음절 모두 2성이기 때문에 성조 표시가 동일합니다.

성조에 대한 내용은 다음 Day 02에서 구체적으로 다룰 것입니다.
지금은 이 정도만 알면 돼요.

발음

성모

* 녹음을 따라 순서대로 읽어 보세요.

b	p	m	f	j	q	x	
d	t	n	l	z	c	s	
g	k	h		zh	ch	sh	r

» 중국어의 성모는 모두 21개입니다.
이 중 'f'와 'r'은 한국인에게 어려운 발음이니 유의하세요.

- 'f' 발음은 윗니로 아랫입술을 살짝 물어 발음한다는 것을 잊지 마세요.

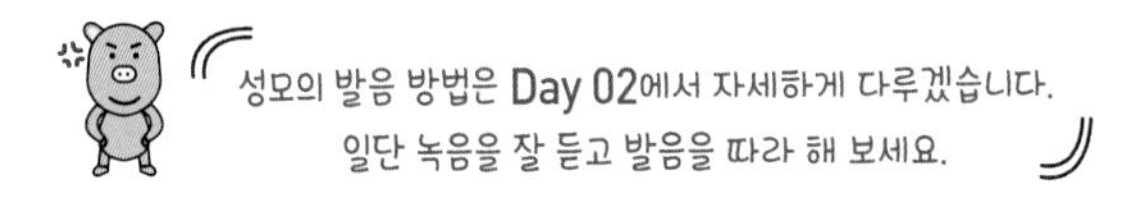

운모 1

* 녹음을 따라 순서대로 읽어 보세요.

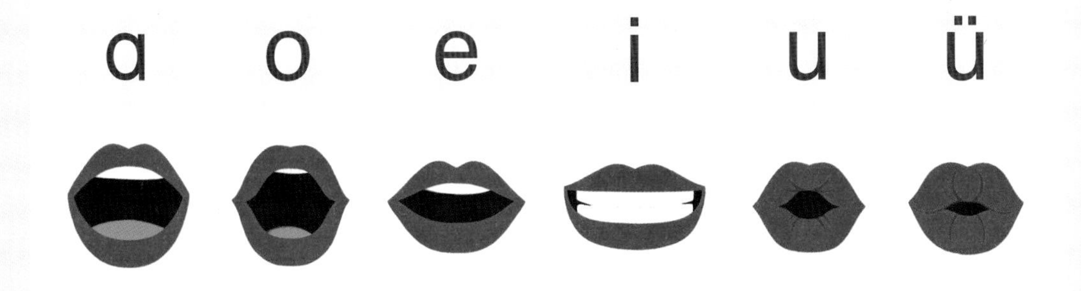

» ‘ɑ / o / e / i / u / ü’는 중국어 운모 중 가장 중요한 운모입니다.
중국어의 운모는 배 안쪽의 단전에서부터 소리를 끌어올려 발음해야 합니다. 중국어가 시끄럽다고 느끼는 분들이 많은데요, 바로 이 복식화법으로 목청 좋게 발음되는 운모 때문이 아닌가 싶습니다. 따라서 입술과 가까운 입 안에서 발음되는 한국어 모음과는 분명 차이가 있다고 할 수 있겠죠.
‘복식 화법’. 이점을 잘 염두에 두어야 원어민 같은 발음을 구사할 수 있습니다.

» 단전에 힘을 주고! 녹음을 들으면서 그림과 같은 입모양으로 발음해 보세요.

연습할 때는 반드시 입으로 소리 내어 연습해야 해요.
한글로 발음을 표기하며 읽어 버릇하면 잘못된 발음 습관이 생길 수 있어요!

발음 – 연습

[성모 + 운모 1] 연습

＊ 녹음을 따라 순서대로 읽어 보세요.

» 성모와 운모가 결합된 발음입니다. 발음 연습이 주된 목적이니 뜻은 참고만 하면 됩니다.

» 성조의 표기방식: 성조는 운모 위에 표시합니다.

- 중국어는 일반적으로 하나의 발음에 여러 한자가 있지만, 한 가지 예외가 있는데, 바로 'fo'입니다. 'fo' 발음의 상용한자는 '佛'밖에 없습니다. 중국에선 불교(佛教)를 중시하고, 부처(佛祖)를 신성시 하기 때문에, 다른 단어엔 이 음을 사용할 수 없게 한 것이라 짐작해 봅니다.

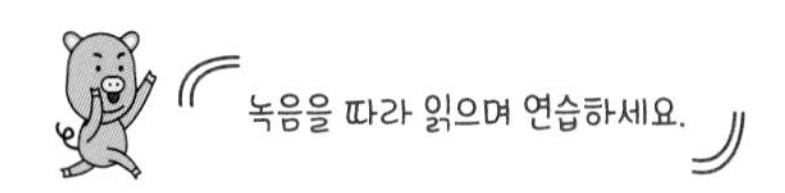

발음

운모 2

01-04

* 녹음을 따라 순서대로 읽어 보세요.

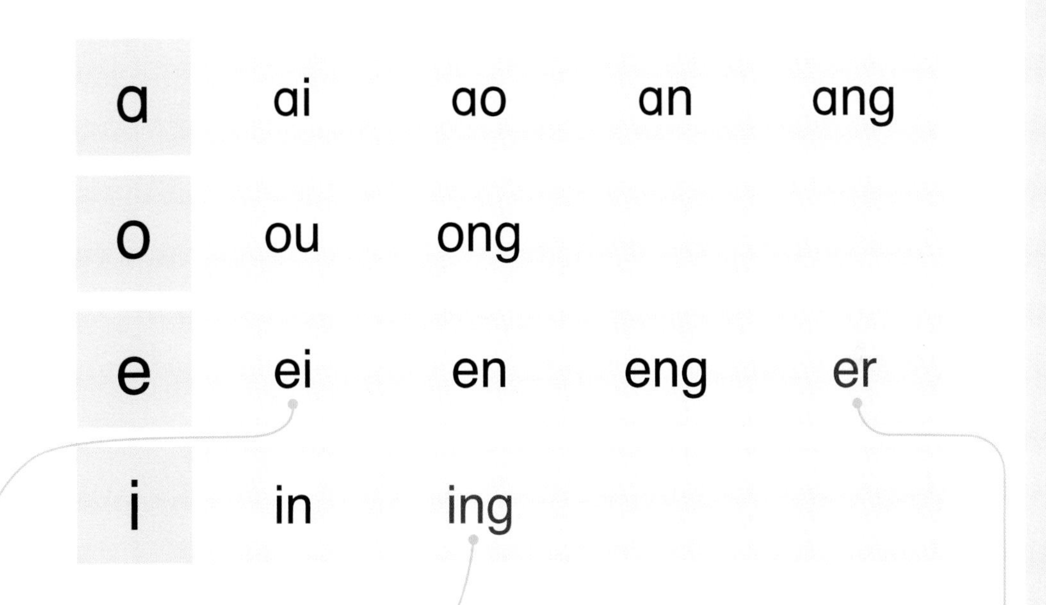

» 앞서 배웠던 주요 운모(a/o/e/i)는 다른 운모와 결합하거나 '-n' 혹은 '-ng'과 결합합니다. 발음할 때는 빠르게 연결해서 하나의 음절로 발음해야 합니다.

» 'er'은 혀를 말아 올려 소리를 내는 '권설운모'로 영어의 'r' 발음과 비슷합니다.
기호의 생김으로만 보면, '어얼'이라고 발음될 것 같지만, '아알(ar)'이 맞습니다. 예를 들어, '서울 首尔(Shǒu'ěr)'의 '尔'은 병음은 'er'이라고 표기하지만 'ar'로 발음됩니다.

» 'ing'은 영어발음에 익숙해 '잉'으로 읽는 분들이 많은데, 실제 정확한 발음은 '이엉~'입니다. 영어 '英语'는 '이엉위', 영화 '电影'은 '띠엔이엉'으로 발음합니다.

» 운모 'e'는 본래 '으어-'로 발음되나 'ei'에서만 'e'가 '에-'로 발음됨에 유의하세요! 즉 'ei'는 '에이-'로 발음합니다!

녹음을 듣고 여러 번 따라 해 보세요.
'어? 나도 되네! 어렵지 않아~'라는 생각이 들 거예요!

[성모+운모 2] 연습

* 녹음을 따라 순서대로 읽어 보세요.

» 성모와 운모가 결합된 발음입니다. 녹음을 따라 읽으며 연습하세요.

- 성조의 표기방식
  성조는 운모 'a/o/e/i/u/ü' 위에 표기합니다. 운모가 두 개 이상일 경우에는 이 순서로 우선순위가 정해집니다.
  예 'mai'의 병음에 운모 'a'와 'i' 두 개 있는데, 성조는 우선순위가 앞에 있는 'a'의 위에 표기
  예 'kou'의 병음에 운모 'o'와 'u' 두 개 있는데, 성조는 우선순위가 앞에 있는 'o'의 위에 표기

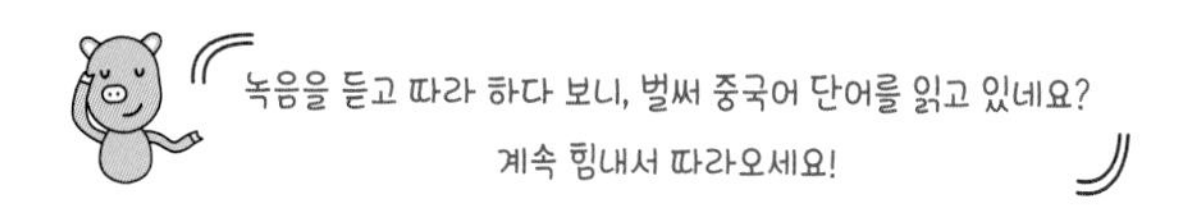

운모3

* 녹음을 따라 순서대로 읽어 보세요.

i	ia iao ian iang ie i(o)u iong
u	ua uai uan uang u(e)i u(e)n ueng uo
ü	üan üe ün

» 앞서 배웠던 주요 운모(i / u / ü)는 다른 운모와 결합하거나 '-n' 혹은 '-ng'과 결합합니다.

주의 괄호 안의 운모는 성모와 결합될 때 표기되지 않지만, 실제는 생략된 발음을 살려 발음합니다.
-iu ➡ -iou / -ui ➡ -uei / -un ➡ -uen

지금까지 한어병음이 어떻게 구성되고, 또 어떻게 발음되는지 간략하게 알아봤습니다.
다 기억하지 못해도 괜찮아요. 앞으로 반복해서 연습하다 보면 자연스럽게 파악될 겁니다.

[성모+운모 3] 연습

01-07

* 녹음을 따라 순서대로 읽어 보세요.

jiā: j+ia

(家, 집)

duì: d+u(e)i

(对, 맞다)

wūyún: w+u, ün

(乌云, 검은 구름)

Hànjiāng: H+an, j+iang

(汉江, 한강)

yóuyǒng: iou, iong

(游泳, 수영하다)

yuèliang: üe, l+iang

(月亮, 달)

» 성모와 운모가 결합된 발음입니다. 녹음을 따라 읽으며 연습하세요.

» 'dui'를 발음할 때는 표기에 생략된 'e'를 살려 발음해야 합니다. 지금은 정확한 표기 규칙을 몰라도 됩니다.

- 'i / u / ü'의 표기 방식
  1. 단독으로 사용될 때: i ➡ yi / u ➡ wu / ü ➡ yu
  2. 'i'는 앞에 'y' 붙여 사용: in ➡ yin / ing ➡ ying
  3. 다른 운모와 결합할 때: i ➡ y / u ➡ w / ü ➡ yu

     예 ia ➡ ya / ie ➡ ye / iao ➡ yao / i(o)u ➡ you
     ua ➡ wa / uo ➡ wo / uai ➡ wai / u(e)i ➡ wei
     üe ➡ yue / üan ➡ yuan / ün ➡ yun

왼쪽의 표기 방식은 휴대전화로 문자를 보낼 때 꼭 필요하므로 알아두면 좋아요. 더 자세한 내용은 Day 06, Day 07에서 각각 내용을 확인하세요!

Today's Mission!

01-08

중국어 인사말을 익혀 스마트폰으로 중국어 메시지를 보낼 수 있다!

› 지금까지 중국어의 성모와 운모를 공부했습니다. 기본적인 인사 표현을 익히며 오늘 배운 발음을 연습해 보세요.

1 안녕하세요!

중국인들이 만났을 때 하는 가장 기본적인 인사말은 '你好!' 입니다. 잘 아는 사람이든 처음 만나는 사람이든 무관합니다. 상대방이 '你好!'라고 인사하면 여러분도 '你好'라고 대답하면 됩니다.

또 길을 묻기 위해 행인을 불러 세울 때나, 식당이나 상점에서 직원을 부를 때도 사용할 수 있습니다.

你好! Nǐ hǎo!

▸ 발음 구성

	성모	운모	성조
你	n	i	(3성)
好	h	ao	

2 또 만나! 잘 가!

헤어질 때 사용하는 가장 기본적인 인사는 '再见!'입니다.
영어 'byebye'의 발음에서 차용한 'byebye(拜拜 báibái)'라는 표현도 자주 사용합니다.
한국어에선 '안녕히 가세요'와 '계세요'로 보내는 쪽과 가는 쪽의 표현법이 다르나, 중국어에선 양쪽 모두 '再见!'이나 '拜拜!'로 동일합니다.

再见! Zàijiàn!

▸ 발음 구성

	성모	운모	성조
再	z	ai	(4성)
见	j	ian	

3 감사합니다!

'감사합니다'는 중국어로 '谢谢！(Xièxie!)'라고 합니다. 중국어 초보자도 이 한마디쯤은 익숙하죠! 좀더 격한 감사의 마음을 전하고 싶을 땐, '많이(多) 고맙다(谢)'하여 '多谢(duōxiè)'라고 합니다.

누군가가 '谢谢！'라고 했다면, 그에 대한 화답이 필요하겠죠? '천만에요'라는 뜻으로 '不客气！(búkèqi!)'라고 답하면 됩니다.

谢谢！ Xièxie!

▶ 발음 구성

	성모	운모	성조
谢	x	ie	(4성)
谢	x	ie	(없음)

› 'xie'는 두 개의 운모 'i'와 'e' 중 우선순위에 따라 'e' 위에 성조를 표시합니다. 그런데 성조 표시가 없는 두 번째 '시에(xie)'는 가볍게 발음해야 합니다. 이렇게 성조가 없는 것을 '경성'이라고 합니다. 성조와 경성은 Day 02에서 자세히 알아보겠습니다.

어때요? 이제 성조에 대해 조금 감이 오나요? 아직 잘 몰라도 괜찮습니다. 처음엔 어렵고 번거로울 수 있지만, 점차 익숙해집니다.

한자 때문에 중국어가 어렵게 느껴지나요? 그러나 다행히도 평소에 한자를 외워서 쓸 일은 많지 않습니다. 요즘은 거의 휴대전화나 컴퓨터로 중국어를 입력하여 소통하기 때문이지요! 따라서 중국어 발음을 공부하고 한자를 눈에 잘 익히기만 하면 휴대전화로 문자를 보내고, 컴퓨터로 문서작업도 할 수 있습니다.

다음 페이지의 중국어 입력방법을 보며 앞에서 배웠던 인사말을 스마트폰으로 작성하여 중국인 친구에게 보내 보세요. 중국인 친구에게 답 문자까지 받았다면 미션 성공!

Mission SNS에서 중국어를 입력하는 방법

설정 ➡ 일반 ➡ 언어 및 입력 방식 ➡ 입력 언어 추가

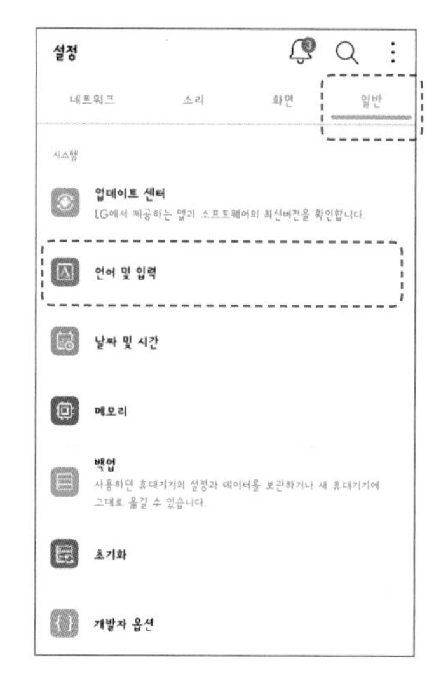

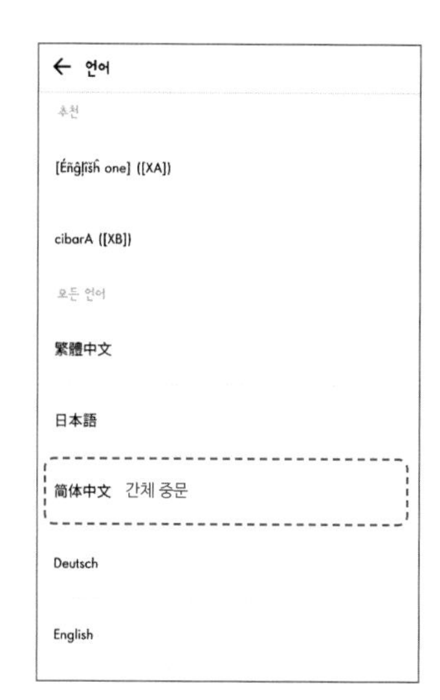

한자를 타이핑할 때에는 성조는 필요 없으며 병음으로 입력한 후 한자가 나오면 원하는 한자를 찾으면 됩니다!

① 병음 쿼티 키보드

② 병음 3*4 키보드

nǐ

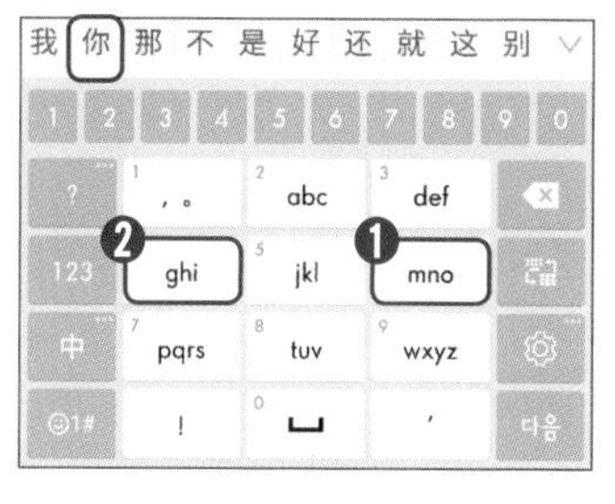

hǎo

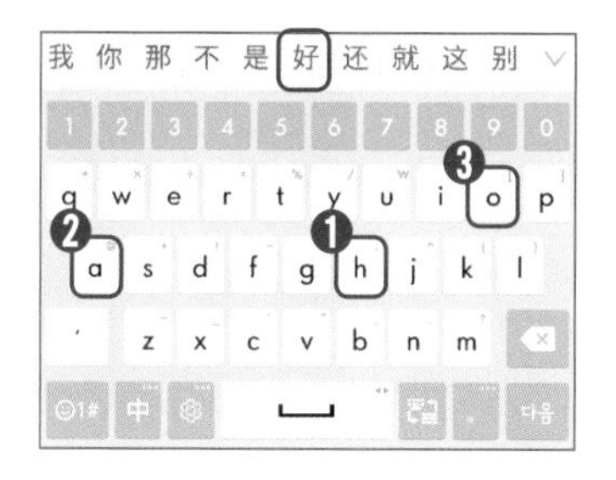

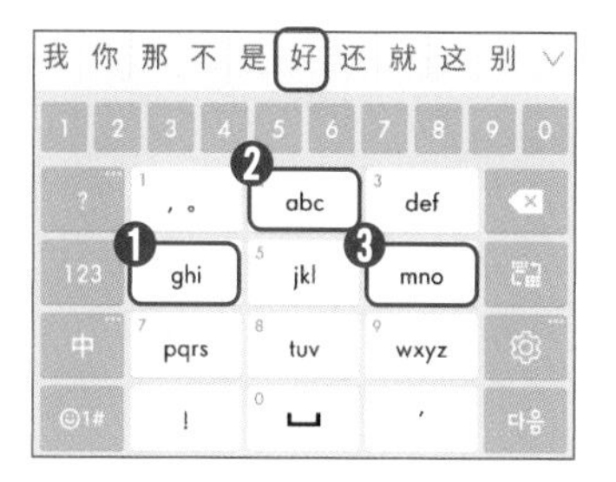

레알~ 중국 맛보기!

중국의 인사 문화

중국어로 '안녕하세요!'는 '你好！(Nǐ hǎo! 니 하오!)'입니다. 많은 중국어 교재에서 '안녕하세요!'를 '你好吗？(Nǐ hǎo ma? 니 하오 마?)'라고 소개하고 있지만, 사실 중국 현지에서는 잘 쓰지 않습니다. 그저 '你好！'라고 하면 됩니다. 아침, 오전, 오후 언제나 쓸 수 있으니, 만능 인삿말이지요?

반가움을 표현하며 더 친근한 인사를 건낼 수 있는데요. '好久不见！(Hǎojiǔ bújiàn! 하우지우 부젠!)- 오랜만이에요!', '最近怎么样？(Zuìjìn zěnmeyàng? 쭈이진 전머양?)- 요즘 어떠세요?'이라고 안부를 물을 수 있습니다.

좀 더 심화된 인사 표현! 바로 '칭찬하기' 스킬입니다. 아래 두 가지 표현을 익혀 한층 더 부드러운 분위기가 필요할 때 활용해 보세요.

* 你越来越漂亮了！ 당신 점점 예뻐지시네요!
  Nǐ yuèláiyuè piàoliang le! 니 위에 라이 위에 피아오량 러!

* 你瘦了！ 당신 살 빠지셨네요!
  Nǐ shòu le! 니 쇼우 러!

마지막으로 한국과 중국의 '인사 문화'의 차이를 소개하겠습니다. 한국에서는 윗사람에게 고개를 숙여 인사하는 것이 일반적이지만, 중국에서는 고개를 숙이는 것은 낯선 풍경입니다. 한다면 가벼운 목례 정도이지요. 같은 동양 문화권임에도 같은 듯 다른 점들이 신기하고 재미있습니다.

Day 02

Today's Mission!

중국어로 숫자를 익혀
중국인 친구와 전화번호를 교환할 수 있다!

성조

* 성조표를 보면서 녹음을 따라 읽어 보세요.

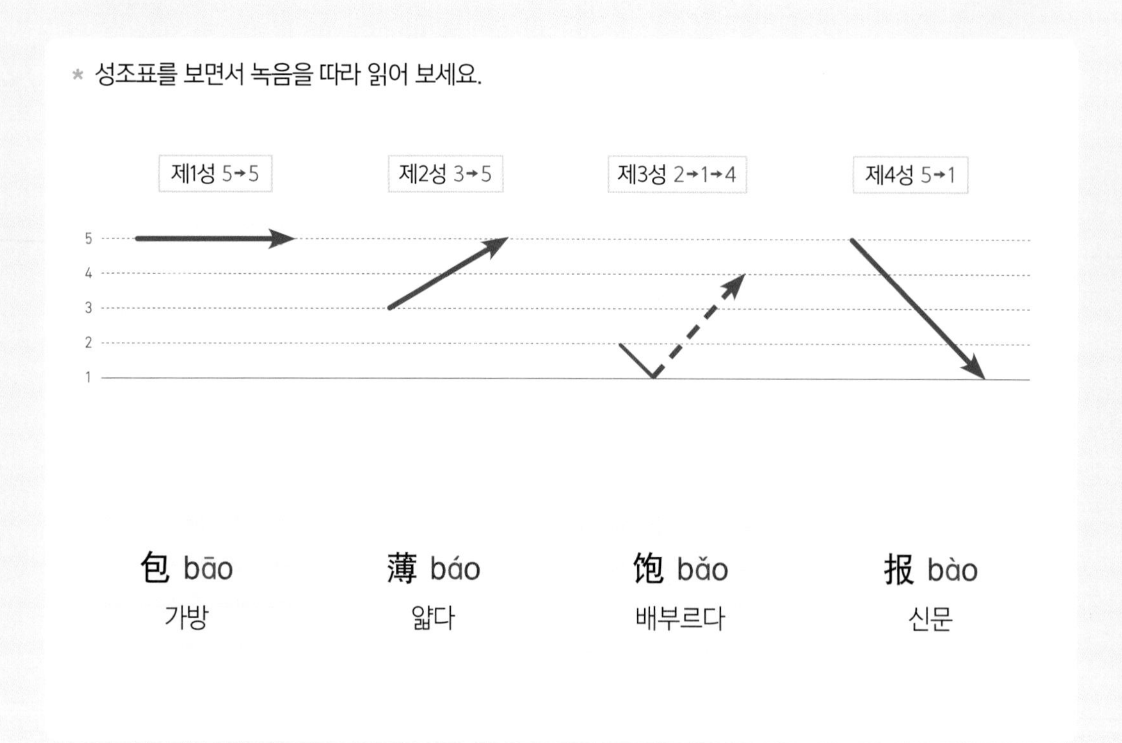

» 중국어에는 음절마다 높낮이의 변화, 즉 음을 올리고 내리는 성조가 있습니다.
이것은 단어의 의미를 구별하는 역할을 하는데, 발음이 같아도 성조가 다르면 뜻이 완전히 달라집니다.

» 위 성조표의 1-5 높이는 '도레미파솔' 5음계의 높이와 같은데, 이것이 바로 중국어가 노래처럼 들리는 이유이기도 합니다.

- 성조는 운모 'a/o/e/i/u/ü' 위에 표기하는데, 운모가 두 개 이상일 경우에는 이 순서로 우선순위가 정해집니다.
- 위의 예시 단어는 우선순위에 따라 모두 'a' 위에 성조를 표기했습니다.

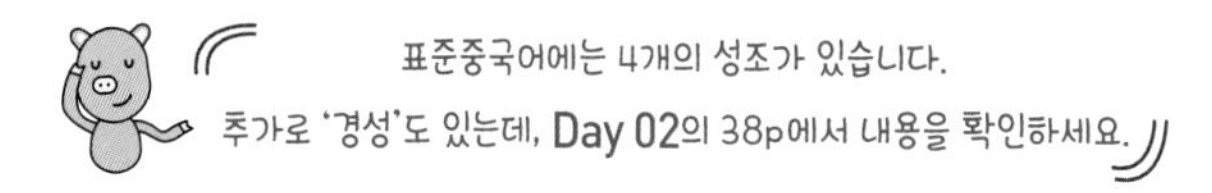

성조 표시 연습

02-02

* 해당되는 한국어 단어에 어울리는 성조를 표시해 보고, 아래 단어를 읽어 보세요.

	제1성	제2성	제3성	제4성
5				
4				
3				
2				
1				
	야호~	뭐?	꺼~억	야!

汤 tāng	糖 táng	躺 tǎng	烫 tàng
국물	설탕	눕다	뜨겁다

» 재미있는 방법으로 중국어 성조를 기억해 봐요!

먼저 위의 한국어를 발음해 보고, 1에서 5까지의 선 위에 성조의 높이를 표시해 보세요.

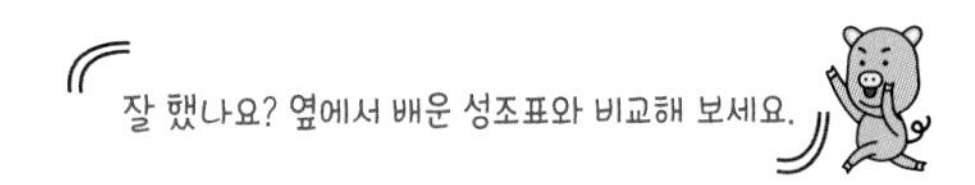

발음

성조의 중요성 – 단어

02-03

* 성조의 차이를 확인하고 녹음을 따라 읽어 보세요.

Hányǔ 韩语	Hànyǔ 汉语

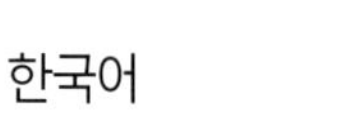

한국어　　　　중국어

» Intro에서 이미 설명했듯이 '韩语'와 '汉语'는 한국인 학습자들이 매우 헷갈려하는 발음입니다. "나 중국어 못해."라고 하는 말이 성조가 하나만 틀려도 "나 한국어 못해."가 될 수 있기 때문이지요.

예 我汉语不好。　나는 중국어를 잘 못해요.
Wǒ Hànyǔ bù hǎo.

我韩语不好。　나는 한국어를 잘 못해요.
Wǒ Hányǔ bù hǎo.

이것이 바로 성조의 중요성!! 꼭 알아두세요!
그럼 또 다른 예를 볼까요?

성조의 중요성 - 문장

* 성조의 차이를 확인하고 녹음을 따라 읽어 보세요.

Wǒ xiǎng wèn tā.
我想问她。

난 그녀에게 물어보고 싶은 것이 있어요.

Wǒ xiǎng wěn tā.
我想吻她。

난 그녀와 키스하고 싶어요.

» 위의 예문에서처럼 '问(묻다)'과 '吻(입맞춤하다)'은 발음은 같지만 성조가 다릅니다.
'问(wèn)'은 4성이고, '吻(wěn)'은 3성입니다. 만약 '问'을 3성으로 잘못 발음하면 큰 오해를 살 수 있겠죠?

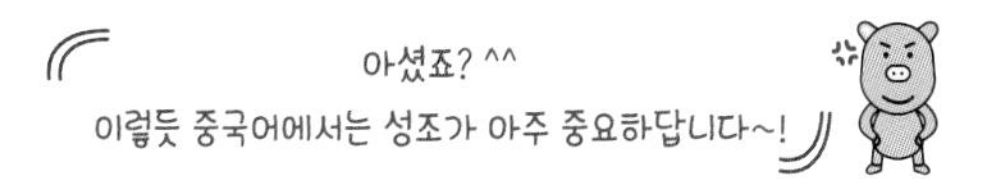

경성

02-05

* 성조표를 보면서 녹음을 따라 읽어 보세요.

제1성+경성 / 제2성+경성 / 제3성+경성 / 제4성+경성

妈妈 māma	爷爷 yéye	奶奶 nǎinai	爸爸 bàba
엄마	할아버지	할머니	아빠

» 중국어에는 기본적으로 4개의 성조와 경성이 있다고 앞에서 한번 언급했지요?
이번에는 바로 경성에 대해서 배워 볼게요!

- 경성은 가볍고 짧고 경쾌하게 발음하며, 앞의 성조에 따라 발음의 위치가 달라집니다. 즉, 경성은 길이는 없고 높이만 있습니다. 그러나 이 규칙을 하나하나 생각하면서 대화하는 것은 불가능하기 때문에 지금은 이런 규칙이 있다는 것만 알면 됩니다.

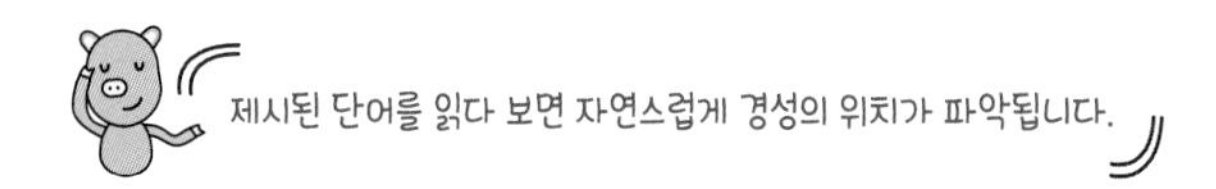

경성의 높이 연습

* 아래 단어를 읽어 보고 경성의 높이를 각각 표시해 보세요.

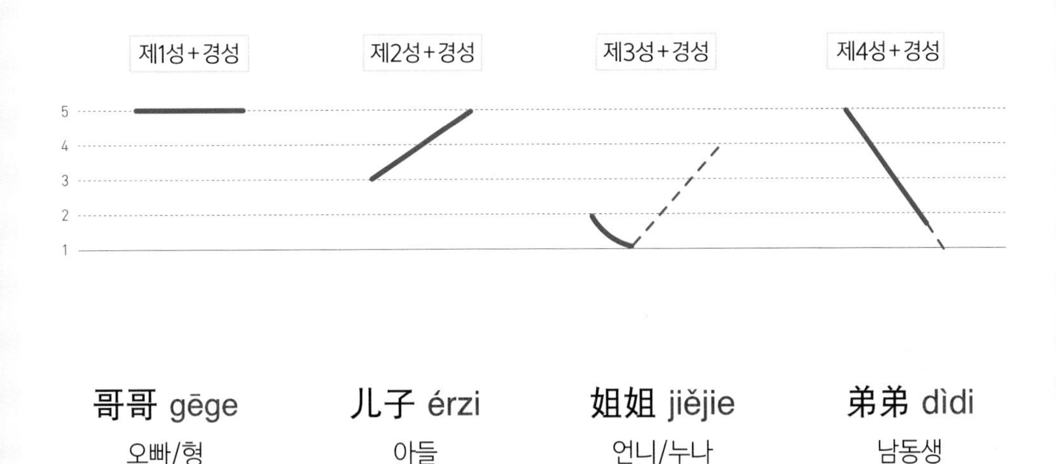

哥哥 gēge	儿子 érzi	姐姐 jiějie	弟弟 dìdi
오빠/형	아들	언니/누나	남동생

» 앞에 나온 경성의 높이를 참고하여 각 성조 뒤에 경성의 높이를 표시해 보세요. 잘 했나요?

- 중국어의 가족 관련 호칭은 비교적 간단하고 쉽습니다.

  아빠(爸爸 bàba), 엄마(妈妈 māma), 할아버지(爷爷 yéye), 할머니(奶奶 nǎinai), 남동생(弟弟 dìdi), 여동생(妹妹 mèimei) 모두 한 글자를 반복하면 됩니다. 게다가 오빠, 형 모두 '哥哥 gēge'로 언니, 누나는 '姐姐 jiějie'로 통칭하는데요. 중국어가 조금은 만만하게 보이죠?!

어학의 첩경은 없습니다. 녹음을 잘 듣고 여러 번 따라 읽어 보는 것만이 확실한 지름길이지요. 경성은 입에 익혀놓으면 자연스럽게 나오게 될 것입니다. 그땐 정말 '중국인이세요?'라는 말을 들을 수도 있어요~

경성의 역할

02-07

* 성조의 차이를 확인하고 녹음을 따라 읽어 보세요.

dōngxi 东西	dōngxī 东西

물건

西 东

동쪽과 서쪽

» 경성도 때로는 의미를 구별하는 역할을 하기도 합니다.

- 위의 예제 단어에서 보듯이 '물건'과 '동쪽과 서쪽'을 의미하는 단어 '东西'는 한자까지 동일합니다. 하지만 '西'가 경성(xi)일 때는 '물건'이 되고, 1성(xī)이면 '동쪽과 서쪽'이 됩니다.

경성도 참 중요한 역할을 하지요!
그렇다고 너무 부담 갖지 말고, 교재에 나오는 단어를 입으로
많이 발음해 보면 자연스럽게 입에 착! 붙을 거예요~

인사말 연습 1

02-08

* 성조표를 보면서 녹음을 따라 읽어 보세요.

안녕하세요!

Nǐ hǎo!
你 好!

잘 가요!
(다음에 또 만나요!)

Zài jiàn!
再 见!

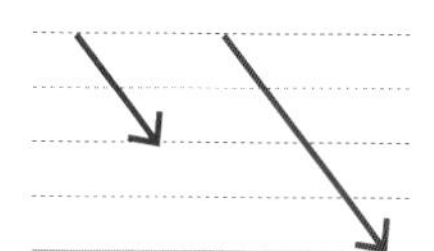

» 가장 기본적인 인사말이죠? 아는 사람이든 모르는 사람이든, 누군가를 만나면 무조건 '你好!'라고 인사하면 됩니다. 헤어질 때에는 대체로 '再见!'을 쓰면 모두 통한답니다.

- Day 01에서 '你'와 '好'는 모두 3성, '再'와 '见'은 모두 4성이라고 배웠지요. 그러나 말할 때 중국인들은 발음의 편의를 위해 성조를 바꿔 말하기도 합니다.
- 두 개의 3성이 연달아 나오면 첫 번째 3성은 2성으로 변하여 '你好'의 '你'는 2성으로 변하여 성조 높이 '3→5'로 읽어야 하고, 두 개의 4성이 연달아 나오면 첫 번째 4성은 반4성으로 변하여 '再见'의 '再'는 성조 높이 '5→3'으로 읽어야 합니다.
- 이것은 한국어에서의 '연음'현상과 같아서 모두 발음의 편의를 위한 것으로 스스로 여러 번 성조를 바꿔 읽어 보면 발음하기 편하다는 것을 알게 될 것입니다.

인사말 연습 2

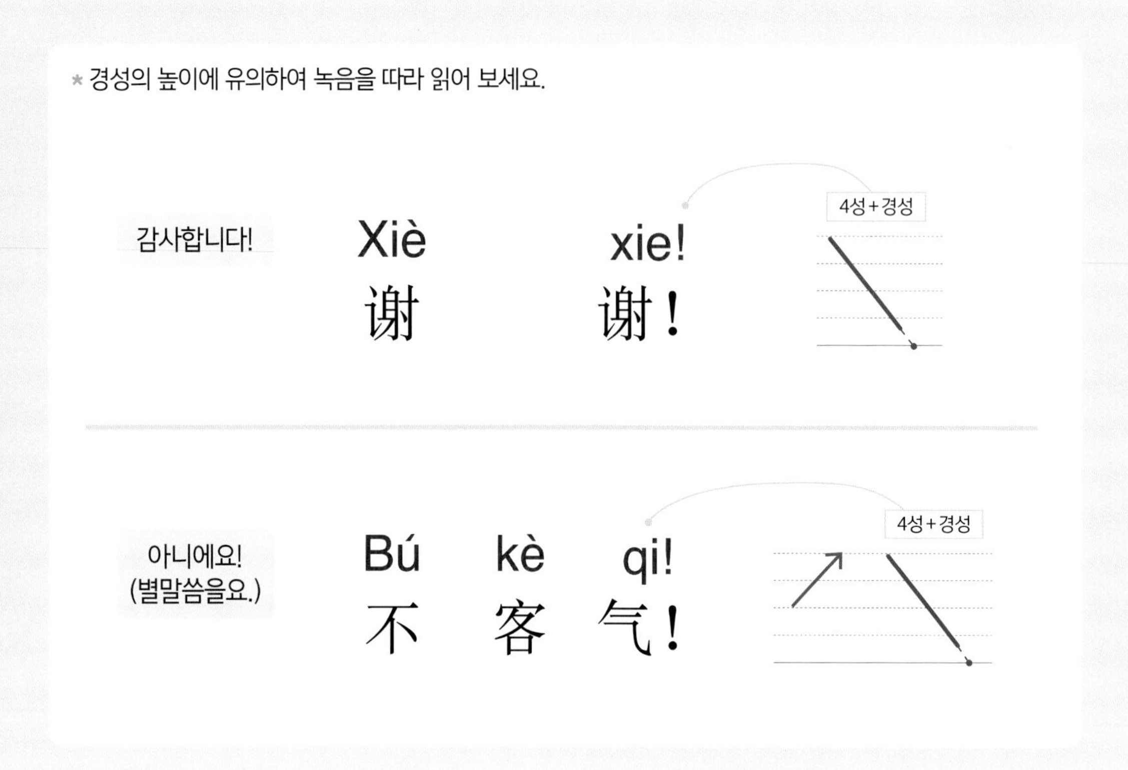

» 경성은 4개의 성조처럼 높낮이가 고정된 것이 아니라서 어렵게 느껴질 수 있습니다. 사실 중국인도 경성의 정확한 규칙을 잘 모른다고 해요. 따라서 위와 같이 자주 쓰이는 단어를 말해 보면서 자연스럽게 익히면 됩니다.

- '谢谢'를 2음절 모두 4성으로 '씨에씨에'라고 강하게 발음하면 중국인에게는 이상하게 들린다고 합니다. 뒤에 있는 '谢'는 경성으로 약하게 발음해야 합니다. 처음부터 부담은 No~ 경성은 자연스럽게 익히세요!

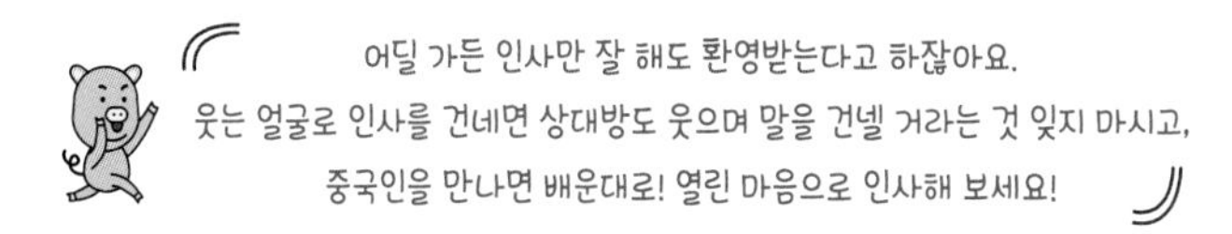

발음 – 연습

인사말 연습 3

* 경성의 높이에 유의하여 녹음을 따라 읽어 보세요.

죄송합니다!

Duì bu qǐ!
对 不 起!

4성+경성

괜찮습니다!

Méi guān xi!
没 关 系!

1성+경성

» '不 bù'는 원래 4성이지만, '对不起 duìbuqǐ'에서는 경성으로 발음해야 합니다.

» '系 xì'도 원래 4성이지만, '没关系 méi guānxi'에서는 경성으로 발음해야 합니다.

단어를 외워야 하는 부담이 있지만, 상용되는 단어와 문장 몇 가지만
잘 구사해도 중국인에게 '중국어 잘한다'는 칭찬을
들을 수 있으니, 지금까지 배운 인사말들을 잘 알아두세요!

Today's Mission!

02-11

중국어로 숫자를 익혀 중국인 친구와 전화번호를 교환할 수 있다!

› 성모, 운모, 성조를 다 익혔으니 이제 발음을 보면서 중국어로 숫자를 말해 볼 수 있겠지요? 중국에서는 발음이 비슷한 숫자의 혼동을 피하기 위해 숫자를 말할 때 손을 함께 사용합니다.

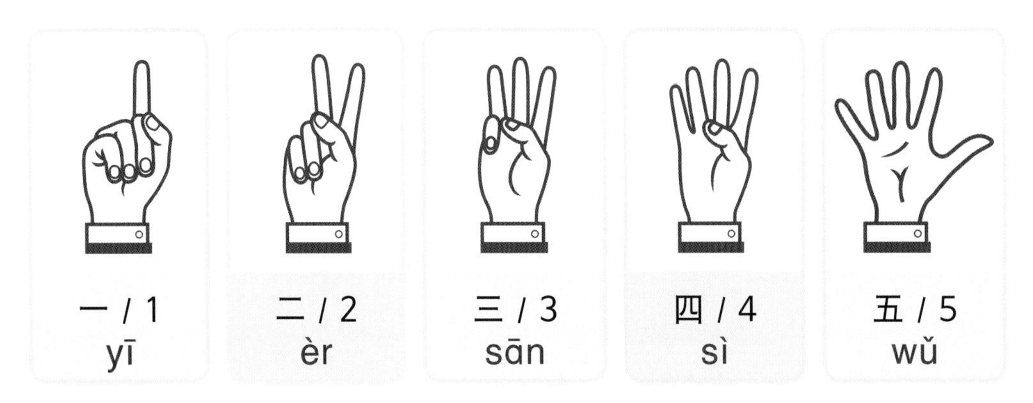

› 1에서 5까지는 한국과 큰 차이가 없죠?

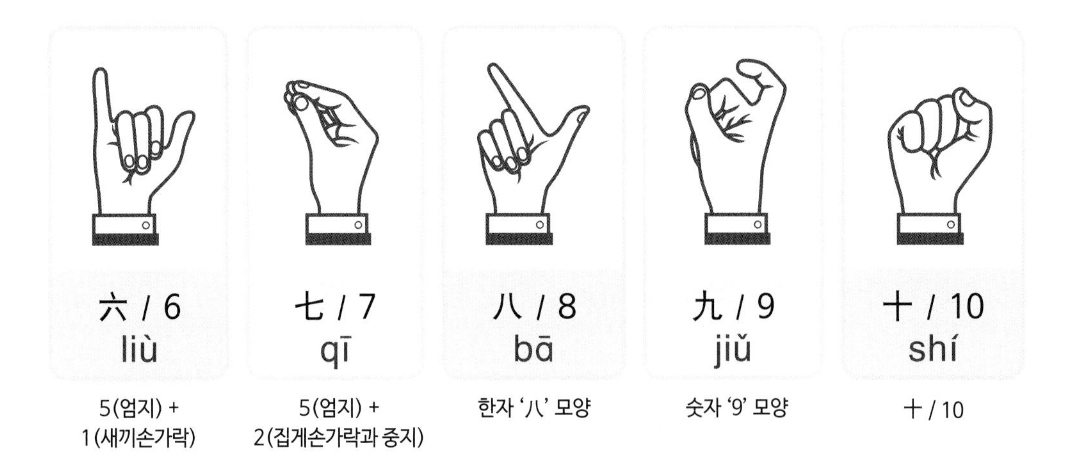

› 6에서 10까지의 손 모양은 위의 그림과 같습니다. 중국어로 숫자를 말해 보면서 손 모양까지 같이 기억하세요.

주의 1. '2'의 발음은 'e + r'로 이루어져 있지만, 실제 발음할 때는 'a + r'로 합니다.
2. '6'과 '9'의 운모는 'iu'로 쓰지만, 실제 발음할 때는 'i + ou'로 해야 합니다.

숫자를 배웠으니 자신의 전화번호나 친구, 가족의 전화번호를 중국어로 말해 보고 중국인 친구와도 전화번호를 교환해 보세요. 전화번호를 자주 말해 보면 숫자를 익히는 데 도움이 됩니다. 미션 완료!

A 你好！我的电话号码是010-1234-5678。你呢？
Nǐ hǎo! Wǒ de diànhuà hàomǎ shì líng yāo líng - yāo èr sān sì - wǔ liù qī bā. Nǐ ne?
안녕하세요. 제 전화(번호)는 010-1234-5678입니다. 당신 전화번호는요?

B 我的电话是010-9632-7412。
Wǒ de diànhuà shì líng yāo líng - jiǔ liù sān èr - qī sì yāo èr.
제 전화(번호)는 010-9632-7412입니다.

단어

的 de ~의 [소유를 나타냄]
电话 diànhuà 전화
号码 hàomǎ 번호
…呢？ …ne? ~는요?

주의

'1(yī)'과 '7(qī)'의 발음이 비슷해서 잘못 알아듣는 경우가 있어요. 이런 혼동을 피하기 위해서 전화번호, 방 호수, 비행기 편명 등을 말할 때 '1 yī'를 'yāo'로 발음합니다.

➤ 중국어에서 숫자의 특수 의미

› 중국에는 숫자 조합을 이용해 다양한 표현을 할 수 있어요. 재미 있는 숫자 조합 몇 개 배워 봐요!

520/521 : 사랑해요.
1314 : 평생
555 : ㅠㅠ
666 : 대단해요~~
233 : 하하하
88/886 : bye-bye

이제 중국인 친구에게 전화번호를 받으면 중국어를 아직 잘 못 해도 숫자로 문자를 보내면서 의사소통을 할 수 있겠지요? 한 번 해 볼까요?

A 520, 1314 사랑해요. 평생이요.
B 666, 886 정말 대단해요. 안녕…
A 555555 ㅠㅠㅠㅠㅠㅠㅠㅠㅠㅠㅠ
B 23333333 하하하하하하

레알~ 중국 맛보기!

중국의 '홍빠오' 문화

한국인들은 '중국인들이 좋아하는 색' 하면 대부분 '빨간색'을 떠올립니다. 심지어 어떤 한국 친구는 "중국사람들은 매일 빨간색 옷을 입느냐?"고 묻기도 합니다. 그러나 실제 중국인들은 평소에 빨간색 옷이나 물건을 특별히 챙기거나 선호하진 않습니다.

그러나 중국에서 반드시 빨간색을 써야 하는 경우가 있는데, 바로 '红包(hóngbāo, 홍빠오)'입니다. '红包(홍빠오)'는 세뱃돈이나 축의금을 넣는 붉은색 봉투인데, 지금은 축하금 또는 격려금 자체를 표현하는 말로 사용되고 있습니다.

전자결제 시스템이 발전하면서, 요즘엔 전자페이(pay)를 이용해 SNS로 홍빠오를 보내는 사람들이 늘고 있습니다. 홍빠오 액수는 중국인들이 좋아하는 숫자인 '8'이나 '9'로 시작하는 금액이 일반적이나, 'SNS 홍빠오'가 늘면서 보내는 이의 마음을 표현하는 다양한 상징적인 액수가 등장했습니다. 예를 들어, '520'과 '521'은 '사랑한다', '1314'는 '평생 같이 보내다', '666'은 '점점 좋아진다, 대단하다' 등이 그러합니다.

Day 03

Today's Mission!

중국어로 숫자와 주문 용어를 익혀
식당에서 주문하고 결제를 할 수 있다!

발음

'a-' 운모

* 녹음을 따라 1성부터 4성까지 순서대로 읽어 보세요.

성조 \ 운모	a	ai	ao	an	ang
1성 (5→5)	ā	āi	āo	ān	āng
2성 (3→5)	á	ái	áo	án	áng
3성 (2→1→4)	ǎ	ǎi	ǎo	ǎn	ǎng
4성 (5→1)	à	ài	ào	àn	àng

» 지금부터 본격적인 발음 학습과 연습을 시작하겠습니다. 우리 책에서는 전체 발음을 운모를 중심으로 나누어 연습합니다. 발음 연습과 함께 상용 단어와 기본 문장을 익혀 봅시다!

» 이번 과에서는 'a'로 시작하는 운모를 연습하겠습니다.

- 한국어의 '아'는 입 앞쪽에서 소리가 나지만 중국어의 'a'는 목 안쪽에서 소리가 납니다. 앞에서 복식화법 언급했던 것 기억하시죠? 입을 크게 벌리고 혀를 낮게 하여 길게 '아-' 소리를 내 보세요.

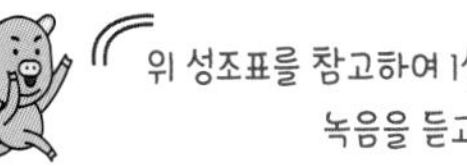

위 성조표를 참고하여 1성부터 4성까지 성조를 붙여 발음해 보세요.
녹음을 듣고 정확한 발음을 따라 하세요.

성모 + 'a-' 운모 연습 1

03-02

* 아래 성모와 운모의 결합표를 보고, 녹음을 따라 순서대로 읽어 보세요.

운모 성모	a	ai	ao	an	ang
b	ba	bai	bao	ban	bang
p	pa	pai	pao	pan	pang
m	ma	mai	mao	man	mang
f	fa	빈칸은 없는 발음입니다.		fan	fang

» 이 페이지에서는 'a'로 시작하는 운모와 성모 'b/p/m/f'가 결합된 발음을 연습하겠습니다.

- 한국어에 없는 'f' 발음에 유의하세요. 'f'는 위쪽 앞니를 아래 입술에 붙여 발음합니다.
- 'a-' 운모는 입은 크게, 혀는 낮게 하여 길게 '아-' 소리를 내는 것도 잊지 마세요.

성조의 높낮이를 생각하면서 녹음을 따라 1성부터 4성까지 읽어 보세요.

발음 – 연습

성모 + 'a-' 운모 연습 2

* 아래 성모와 운모의 결합표를 보고, 녹음을 따라 순서대로 읽어 보세요.

운모 / 성모	a	ai	ao	an	ang
d	da	dai	dao	dan	dang
t	ta	tai	tao	tan	tang
n	na	nai	nao	nan	nang
l	la	lai	lao	lan	lang

» 이번에는 'a'로 시작하는 운모와 성모 'd/t/n/l'가 결합된 발음을 연습하겠습니다.

- 'd/t/n'는 한국어 발음 'ㄸ/ㅌ/ㄴ'과 유사해 어렵지 않으나, 'l'는 한국어 'ㄹ'과 조금 다른 부분이 있으니 유의하세요. '빨래', '놀러'의 'ㄹ'과 발음 방법이 유사합니다. 'la'는 '걸음이 빨라'의 '라'를 떠올리며 발음해 보세요.

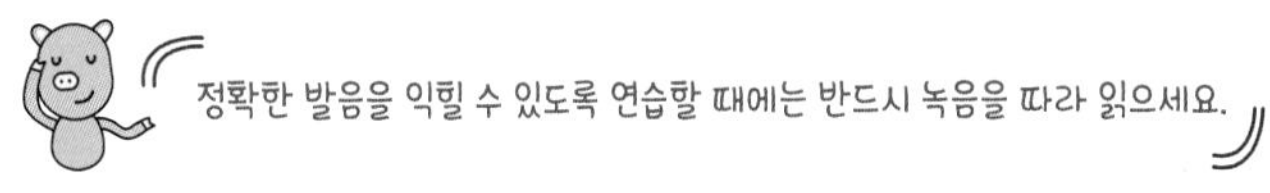

발음 – 연습

성모 + 'a-' 운모 연습 3

03-04

* 아래 성모와 운모의 결합표를 보고, 녹음을 따라 순서대로 읽어 보세요.

운모 / 성모	a	ai	ao	an	ang
g	ga	gai	gao	gan	gang
k	ka	kai	kao	kan	kang
h	ha	hai	hao	han	hang

» 이번에는 'a'로 시작하는 운모와 성모 'g/k/h'가 결합된 발음을 연습하겠습니다.

» 성모 'g/k/h'는 우리말의 '꺼/커/허'와 비슷하나 목에서 긁듯이 '끄어/크어/흐어'하고 소리를 내야 하므로 연습이 필요합니다. 녹음을 잘 듣고 따라서 읽어 보세요.

- 한국어 'ㅎ'은 앞 글자에 받침이 있는 경우 소리가 나지 않으나, 중국어의 'ㅎ'은 앞 글자에 받침이 있는 경우라고 해도 반드시 하나하나 발음해야 합니다.

  예 전화 ➡ [저놔] (○)　　diànhuà(띠엔화) ➡ dianua(띠에놔) (✕)

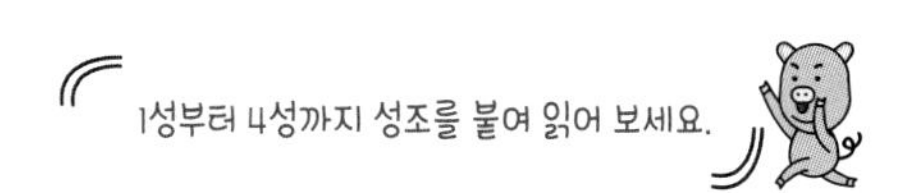

인칭대명사

* 성조의 높이를 보고, 녹음을 따라 아래 단어를 읽어 보세요.

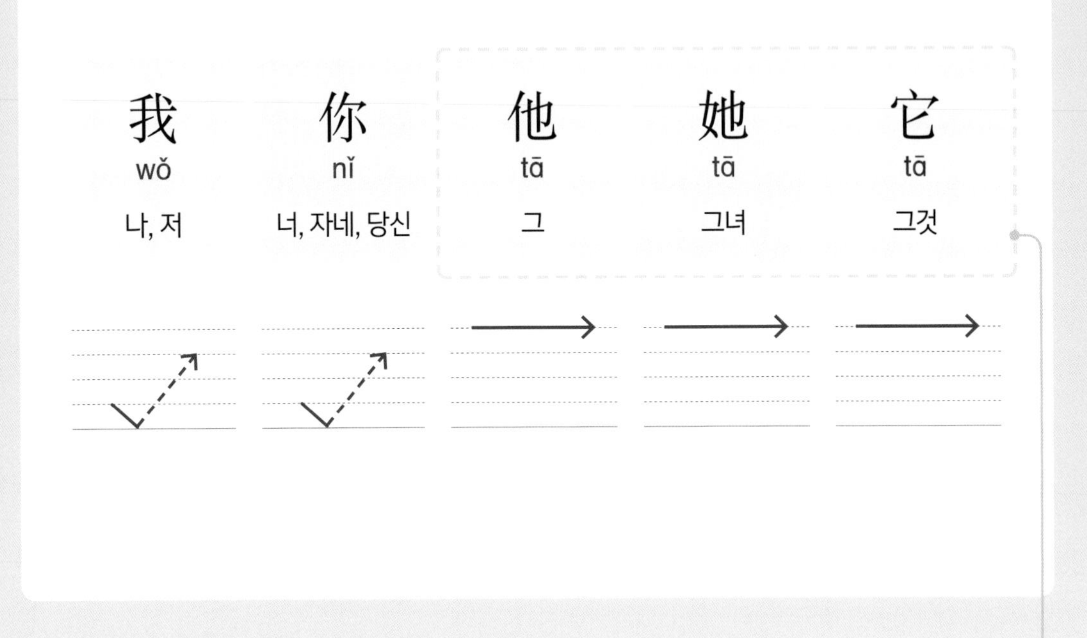

» 이번에는 'a-' 발음이 들어간 인칭대명사 '他 tā', '她 tā', '它 tā'를 공부하겠습니다.

- '他', '她', '它'는 성조와 발음은 같지만 뜻이 각각 다릅니다.
  발음이 같으니, 구별이 어려운 것 아닌가 싶지만, 대화의 정황이나 맥락에 따라 'tā'가 무엇을 가리키는지 쉽게 알 수 있습니다. 각기 다른 인칭대명사를 일일이 익혀야 하는 영어에 비하면 오히려 쉽게 느껴지지 않나요?

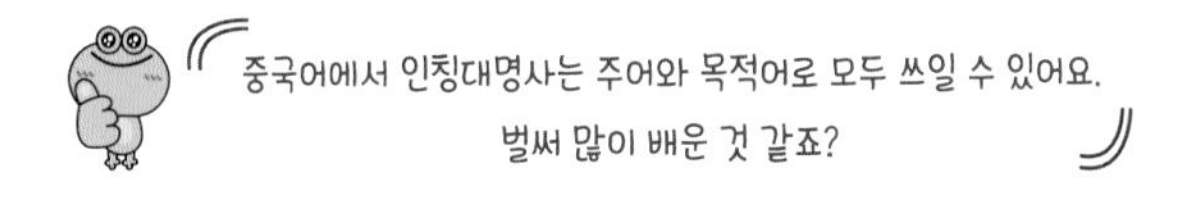

동사

* 성조의 높이를 보고, 녹음을 따라 아래 단어를 읽어 보세요.

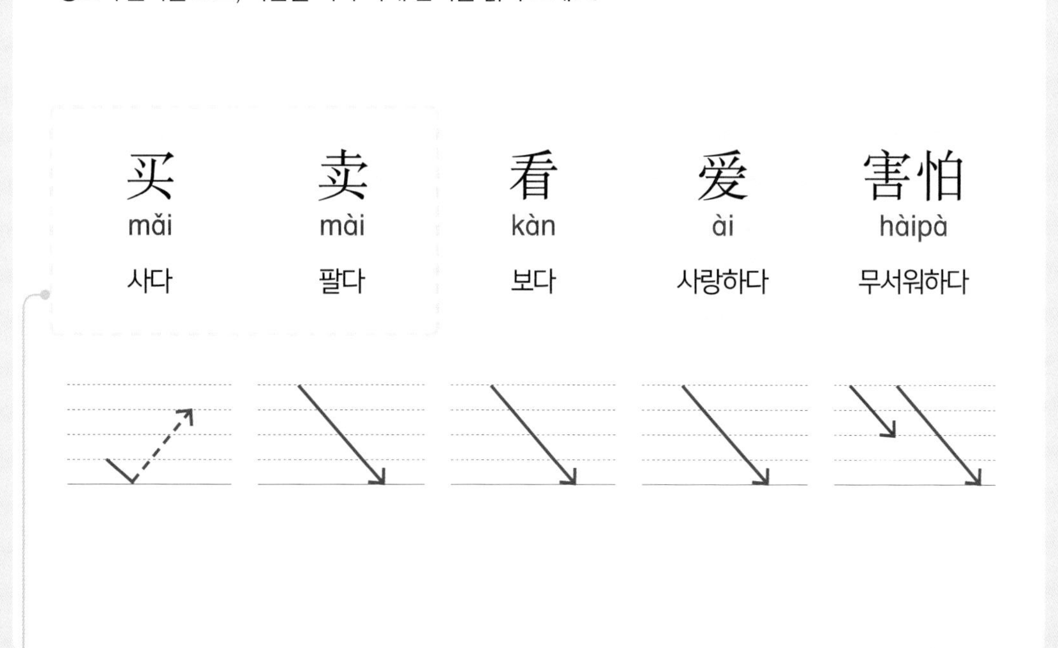

» 'a-' 발음을 연습할 수 있는 기본 동사를 공부하겠습니다.

- 이 중 '사다(买 mǎi)'와 '팔다(卖 mài)'는 성조로 뜻이 구별되니 발음할 때 각별히 유의하세요.
- 마지막 단어 '害怕 hàipà'와 같이 4성이 연속되는 단어는 앞의 4성을 조금 짧게 발음하는 것이 좋습니다.

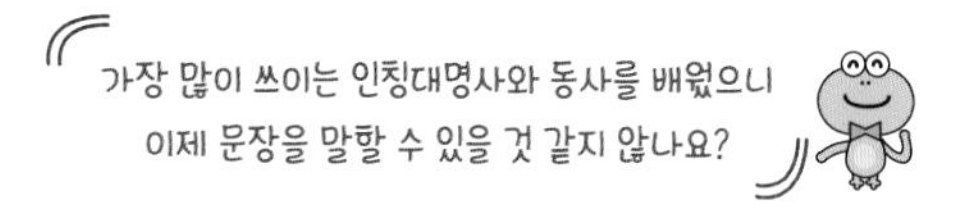

명사

* 성조의 높이를 보고, 녹음을 따라 아래 단어를 읽어 보세요.

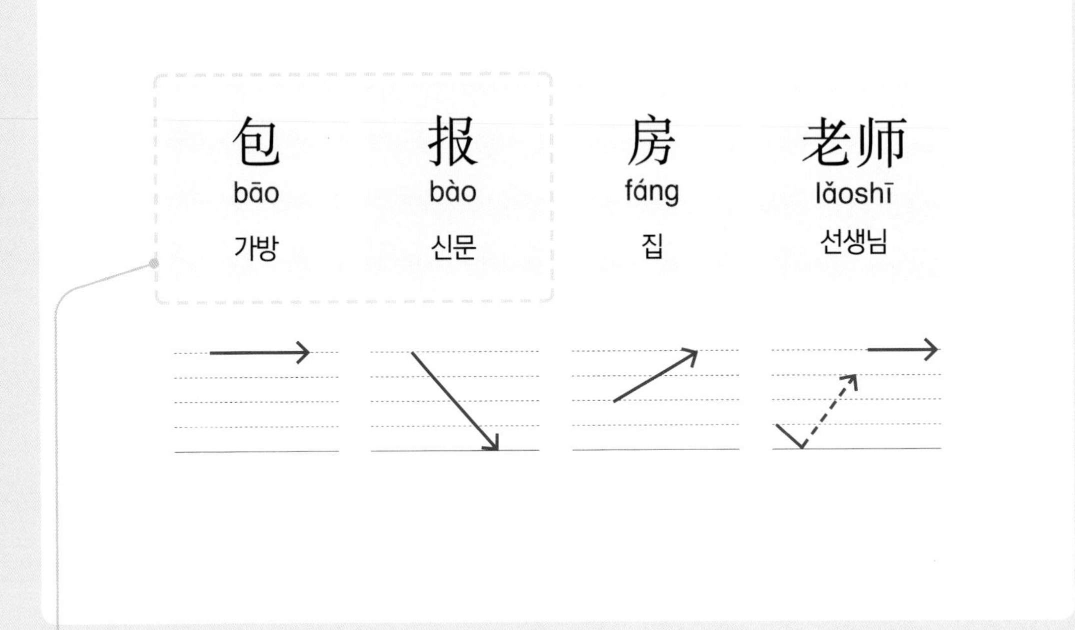

» 'a-' 발음을 연습할 수 있는 기본 명사를 공부하겠습니다.

• 위의 단어 중 '包 bāo'와 '报 bào'는 발음은 같으나 성조에 따라 뜻이 달라집니다.

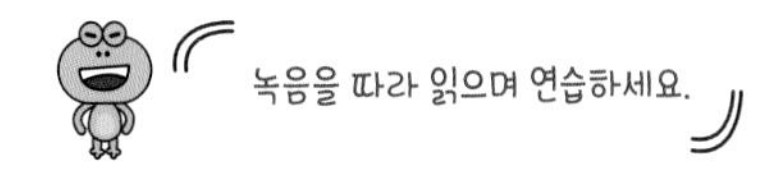

단어 - 연습

동사 + 목적어

03-08

* 성조의 높이를 보고, 녹음을 따라 아래 단어를 읽어 보세요.

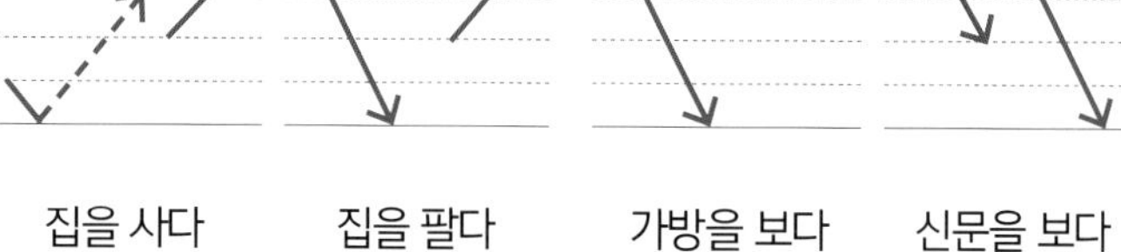

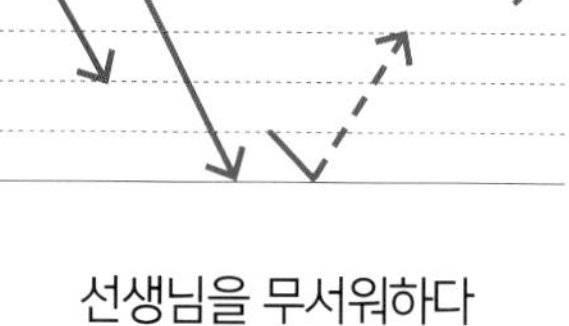

» 중국어 어순의 가장 큰 특징은 목적어가 동사 뒤에 놓인다는 것입니다.
앞에서 익힌 동사와 명사의 뜻을 생각하며 위에 제시된 '동사 + 목적어'의 뜻을 말해 보세요.

- '**买房** mǎi fáng'과 '**卖房** mài fáng', '**看包** kàn bāo'와 '**看报** kàn bào'는 각각 동사와 목적어의 발음은 같으나 성조가 달라 의미가 완전히 달라진 경우입니다. 이렇듯 성조가 얼마나 중요한지 다시 한번 알 수 있겠죠?

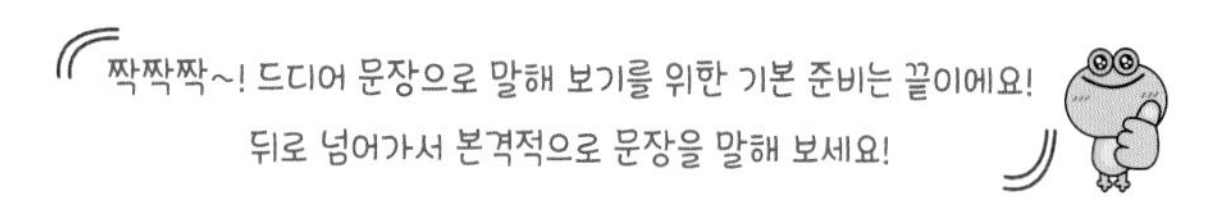

동사술어문

중국어 주어 + 서술어(동사) + 목적어

한국어 주어 + 목적어 + 서술어(동사)

» 앞에서 공부한 '동사 + 목적어' 구조 앞에 인칭대명사를 붙이면 하나의 완전한 문장이 됩니다.

- 외국어를 처음 접할때, 가장 먼저 묻고 배우게 되는 말이 "안녕하세요"이고, 이어 배우는 문장이 "사랑해요"일 거 같은데요. 이에 중국어 왕초보라도 한 번쯤 들어봤을 '我爱你(사랑해요)'로 중국어의 가장 기본 문형인 '동사술어문'을 설명하겠습니다.
- 중국어의 어순은 **[주어+서술어(동사)+목적어]** 순입니다. 이 때, 동사가 서술어로 사용된 문장을 '동사술어문'이라고 합니다. 중국어는 단어의 형태 변화가 없기 때문에 시간 또는 상황 변화의 순서에 따라 단어를 배열하면 문장이 됩니다.

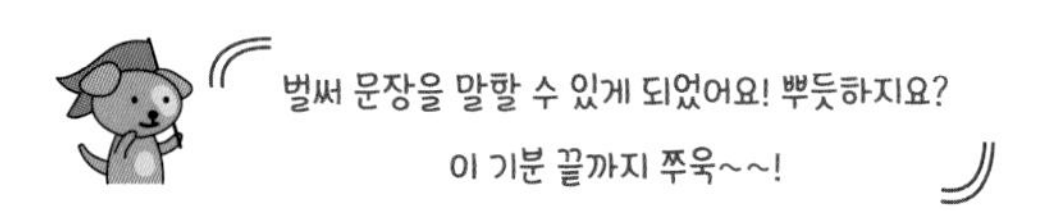

문법 – 연습

동사술어문 연습

주어 + 서술어(동사) + 목적어(명사)

妈妈	买	包	妈妈买包。
엄마가	사다	가방을	Māma mǎi bāo. 엄마가 가방을 사요.
爸爸	看	报	爸爸看报。
아빠가	보다	신문을	Bàba kàn bào. 아빠가 신문을 봐요.
我	害怕	老师	我害怕老师。
나는	무서워하다	선생님을	Wǒ hàipà lǎoshī. 나는 선생님을 무서워해요.

» 앞에서 배운 단어를 활용하여 문장을 만들어 보세요.

- **[주어+서술어(동사)+목적어]** 순서로 단어를 배열하기만 하면 됩니다. 이 기본 문형에 단어만 교체하여 다양한 문장을 만들 수 있습니다.

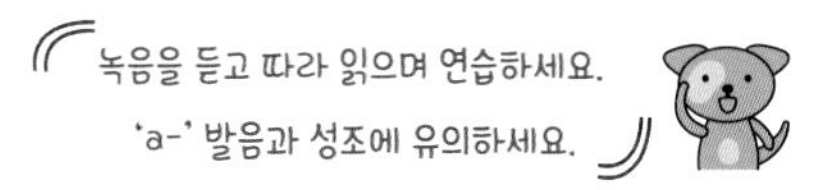

'吗'를 이용한 의문문

중국어 주어 + 서술어(동사) + 목적어 + 吗 ?

한국어 주어 + 목적어 + 서술어(동사) + 의문어미?

» 문장 끝에 의문조사 '吗 ma'를 붙이면 의문문이 됩니다.

» 다양한 의문형 어미가 있는 한국어와는 달리 중국어에는 어미 자체가 없기 때문에 상대적으로 쉽고 간단하게 의문문을 만들 수 있습니다.

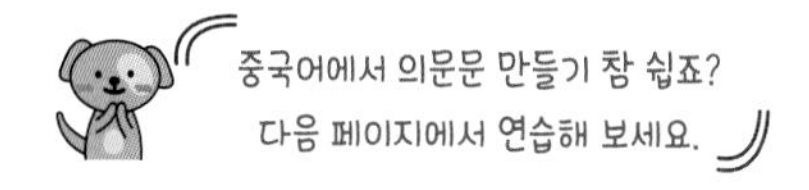

문법 – 연습

'吗' 의문문 연습

03-10

주어 + 서술어(동사) + 목적어 + 吗 ?

妈妈	买	包	吗?	妈妈买包吗?
엄마가	사다	가방을	–아/어/여요?	Māma mǎi bāo ma? 엄마가 가방을 사요?

爸爸	看	报	吗?	爸爸看报吗?
아빠가	보다	신문을	–아/어/여요?	Bàba kàn bào ma? 아빠가 신문을 봐요?

你	害怕	老师	吗?	你害怕老师吗?
당신은	무서워하다	선생님을	–아/어/여요?	Nǐ hàipà lǎoshī ma? 당신은 선생님을 무서워해요?

» 앞에서 배운 동사술어문 뒤에 의문조사 '吗'를 붙이기만 하면 바로 의문문이 됩니다.

» 아주 쉬운 문법이지만, 문장 끝을 올려 의문어기를 만드는 한국어의 영향 때문인지 대화 중에 문장 끝만 올리고 '吗'를 빠뜨리는 경우가 종종 있습니다. 여러분은 이런 실수를 하지 않도록 충분히 연습하기 바랍니다.

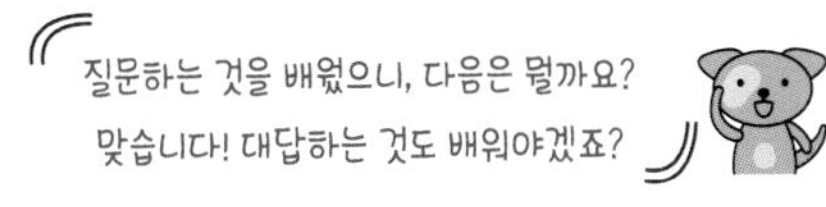

'吗' 의문문에 답하기 (긍정)

» '吗' 의문문에는 위의 두 가지 방법으로 답할 수 있습니다.

- 문장으로 답할 수도 있고, 동사만 단독으로 사용하여 답할 수도 있습니다.

주의 '你爱我吗? (당신은 나를 사랑해요?)'라는 질문에 '我爱你。(나는 당신을 사랑해요.)'라고 답해야 합니다. '你'와 '我'의 위치에 주의하세요!

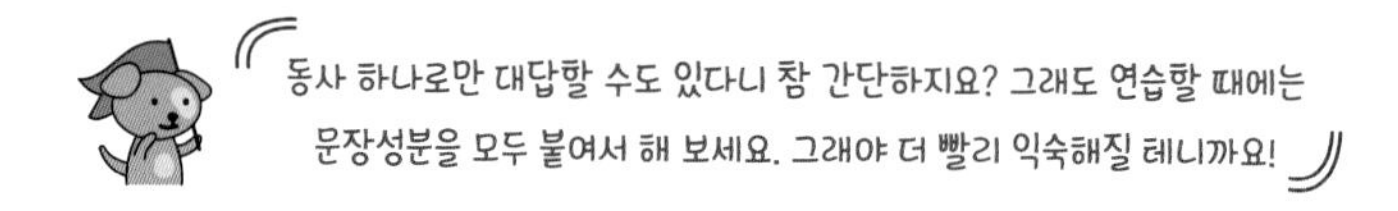

문법 – 연습

'吗' 의문문에 답하기 연습 (긍정)

Q	 문장으로 답하기	 동사로 답하기
妈妈买包吗? Māma mǎi bāo ma? 엄마가 가방을 사요?	妈妈买包。 Māma mǎi bāo. 엄마는 가방을 사요.	买。 Mǎi. 사요.
爸爸看报吗? Bàba kàn bào ma? 아빠가 신문을 봐요?	爸爸看报。 Bàba kàn bào. 아빠는 신문을 봐요.	看。 Kàn. 봐요.
你害怕老师吗? Nǐ hàipà lǎoshī ma? 당신은 선생님을 무서워해요?	我害怕老师。 Wǒ hàipà lǎoshī. 나는 선생님을 무서워해요.	害怕。 Hàipà. 무서워해요.

» 위 질문에 답하는 연습을 해 보세요.

• 질문의 내용에 따라 주어를 바꾸어 답해야 합니다.
예를 들어, "당신은 선생님을 무서워해요?"라는 질문에는 "나는 선생님을 무서워해요."라고 답해야겠죠?

기본 문장을 배웠으니 이제 단어만 알면 응용하여 말할 수 있어요.
그러니 단어도 잘 외워두세요!

Today's Mission!

03-12

중국어로 숫자와 주문 용어를 익혀 식당에서 주문하고 결제를 할 수 있다!

› 중국 현지 식당에서 식사를 하고 결제를 할 때, 종업원이 말하는 가격을 알아들어야 계산을 할 수 있겠죠? 이번 미션은 '중국어로 주문하고 결제하기'입니다. 주문 용어까지 알면 주문도 할 수 있어요.

› '10(십)'부터 '10000(만)'까지의 숫자를 익혀 보세요.
'10(십)', '100(백)', '1000(천)', '10000(만)'의 중국어 발음은 한국어와 많이 비슷하며 숫자를 말하는 방법도 비슷한 부분이 많습니다. 그래서 조금만 연습하면 쉽게 알아들을 수 있답니다.

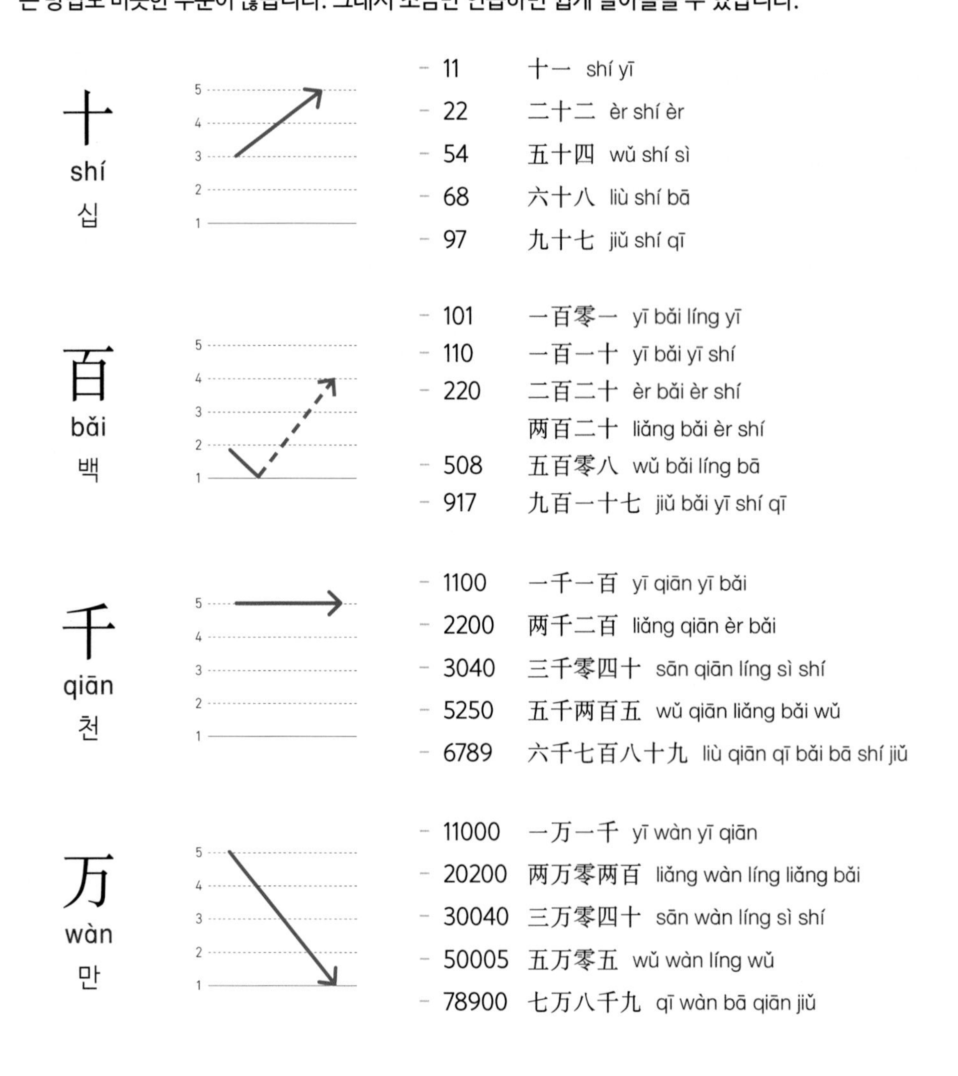

주의

- 마지막 단위는 읽지 않아도 됩니다.

  예 340 三百四(十)　　2200 两千二(百)　　11000 一万一(千)

- '0(零)'은 중간에 '0'이 몇 개가 되더라도 한 번만 읽습니다.

  예 30040 三万零四十

- '2'는 '二'과 '两' 두 가지로 읽습니다. 20일 때에는 '二十'로 읽고 200일 때에는 '二百'와 '两百' 두 가지 모두 가능하며, 나머지는 '两'으로 읽습니다.

  예 20 二十　　200 二百/两百

  2000 两千　　20000 两万

- '百 bǎi'는 3성으로 '两', '五', '九'가 올 때에는 앞의 발음은 반3성으로 변합니다.

Mission 앞서 배운 숫자를 활용하여 식당에 가서 식사 후 결제는 물론, 다음의 식당 용어를 사용하여 간단한 요청도 해 보세요. 먼저 테이블에 앉아 '你好!'라고 말해 종업원을 부른 후 메뉴판을 요청하세요. 주문한 음식을 맛있게 먹고, 남은 음식은 포장해 달라고 하세요. 마지막으로 계산까지 하면 미션 완료!

你好！菜单！
Nǐ hǎo! Càidān!
메뉴판(주세요)!

你好！打包！
Nǐ hǎo! Dǎbāo!
포장해 주세요!

你好！买单！
Nǐ hǎo! Mǎidān!
계산해 주세요!

› '你好!'는 기본적으로는 인사말이지만, 이렇게 직원을 부른다거나 주위를 환기하고자 할 때 써도 자연스러우니 진짜 중국인처럼 한번 활용해 보세요.

레알~ 중국 맛보기!

중국의 식당 문화

■ '메뉴'는 '차이딴(菜单)'

식당에서 음식을 주문할 때 대부분 "메뉴판 주세요~"라고 하죠. 중국어로는 "차이딴!" 한 마디면 됩니다. 직역해서 "게이워 차이딴(给我菜单 gěi wǒ càidān)"이라고 하면, 중국인이 듣기엔 '강한 요구'의 느낌을 줘서 오히려 더 불쾌하게 느낄 수 있습니다. 그래도 어색하다면 "니하오! 차이딴!(你好! Nǐ hǎo! 菜单! Càidān!)"이라고 해 보세요. 충분히 공손한 느낌을 줄 수 있습니다.

■ '포장해 주세요'는 '다빠오(打包)'

중국에서는 식사 후 남은 음식을 포장해 가는 것이 일상적입니다. 손님이 직접 포장할 수 있도록 포장용기를 배치해 놓거나 종업원들이 친절하게 포장해 줍니다.
포장을 요청할 때에는 "다빠오!(打包! Dǎbāo!)"라고 하면 된답니다!

■ '계산해 주세요'는 '마이딴(买单)'

중국 현지 식당에서는 식사 후 앉은 자리에서 계산하는 것이 일반적입니다. 종업원에게 "마이딴~"이라고 하면 계산서를 가져다 주고, 그 자리에서 결제를 해줍니다. 중국은 '더치페이'가 자연스러운데요. 모바일 결제 어플(App)에 더치페이 처리 기능이 있을 정도입니다. 참고로 중국에서 더치페이는 'AA쯔(AA制 zhì)'라고 합니다.

Day 04

Today's Mission!

의문문의 구조를 정리하여
중국인 친구와 근황 토크를 할 수 있다!

'e-', 'o-' 운모

* 녹음을 따라 1성부터 4성까지 순서대로 읽어 보세요.

성조 \ 운모	e	ei	er	en	eng	o	ou	ong
1성 (5→5)	ē	ēi	ēr	ēn	ēng	ō	ōu	ōng
2성 (3→5)	é	éi	ér	én	éng	ó	óu	óng
3성 (2→1→4)	ě	ěi	ěr	ěn	ěng	ǒ	ǒu	ǒng
4성 (5→1)	è	èi	èr	èn	èng	ò	òu	òng

» 이번 과에서는 'e'와 'o'로 시작하는 운모를 연습하겠습니다. 녹음을 들으며 발음을 따라 하세요.

- 'er'은 '얼'보다 '알'에 가깝게 발음합니다.
- 중국어의 'o'는 한국어의 '오'보다 목 구멍 안쪽에서 소리가 나니, 유의하세요!

» 운모 'e'는 본래 '으어-'로 발음되나 'ei'에서만 'e'가 '에-'로 발음됨에 유의하세요! 즉 'ei'는 '에이-'로 발음합니다!

성조를 붙여 읽어 보세요. 연습하다 보면 자연스럽게 성조의 리듬을 익힐 수 있습니다.
처음에 잘 안 되더라도 실망하거나 조급해하지 마세요.

발음 – 연습

성모 + 'e-', 'o-' 운모 연습 1

* 성모와 운모의 결합표를 보고, 녹음을 따라 순서대로 읽어 보세요.

성모 \ 운모	e	ei	en	eng	o	ou
b		bei	ben	beng	bo	
p		pei	pen	peng	po	pou
m	me	mei	men	meng	mo	mou
f		fei	fen	feng	fo	fou

» 'e', 'o'로 시작하는 운모와 성모 'b/p/m/f'가 결합된 발음을 연습하겠습니다.

- 한국어에 없는 발음인 'f'와 한국인 학습자가 자주 틀리는 'ou' 발음을 잘 듣고 따라 하세요.

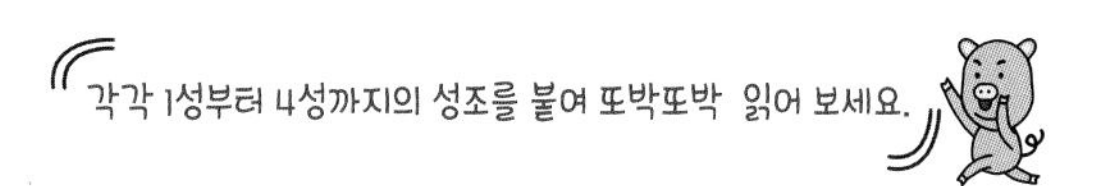

발음 – 연습

성모 + 'e-', 'o-' 운모 연습 2

04-03

* 성모와 운모의 결합표를 보고, 녹음을 따라 순서대로 읽어 보세요.

운모 / 성모	e	ei	en	eng	ou	ong
d	de	dei	den	deng	dou	dong
t	te	tei		teng	tou	tong
n	ne	nei	nen	neng	nou	nong
l	le	lei		leng	lou	long

» 'e', 'o'로 시작하는 운모와 성모 'd / t / n / l'가 결합된 발음을 연습하겠습니다. 성조를 붙여 읽어 보세요.

- 'ou'는 목 안쪽에서 소리가 나도록 발음합니다.

발음 – 연습

성모 + 'e-', 'o-' 운모 연습 3

04-04

* 성모와 운모의 결합표를 보고, 녹음을 따라 순서대로 읽어 보세요.

성모 \ 운모	e	ei	en	eng	ou	ong
g	ge	gei	gen	geng	gou	gong
k	ke		ken	keng	kou	kong
h	he	hei	hen	heng	hou	hong

» 'e', 'o'로 시작하는 운모와 성모 'g/k/h'가 결합된 발음을 연습하겠습니다.

- 'g/k/h'는 목구멍 안쪽에서 '꺼억–' 트림 하듯이 소리를 내야 합니다.
  이 발음에 유의하며 녹음을 따라 읽으세요.

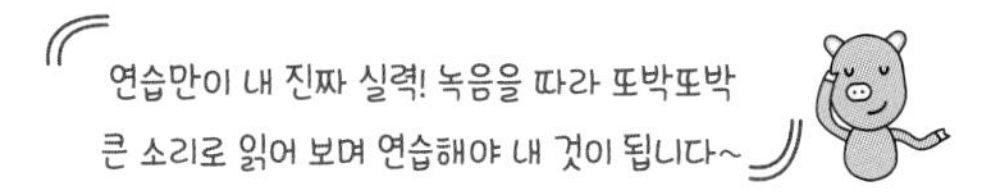

형용사 1

* 성조의 높이를 보고, 녹음을 따라 아래 단어를 읽어 보세요.

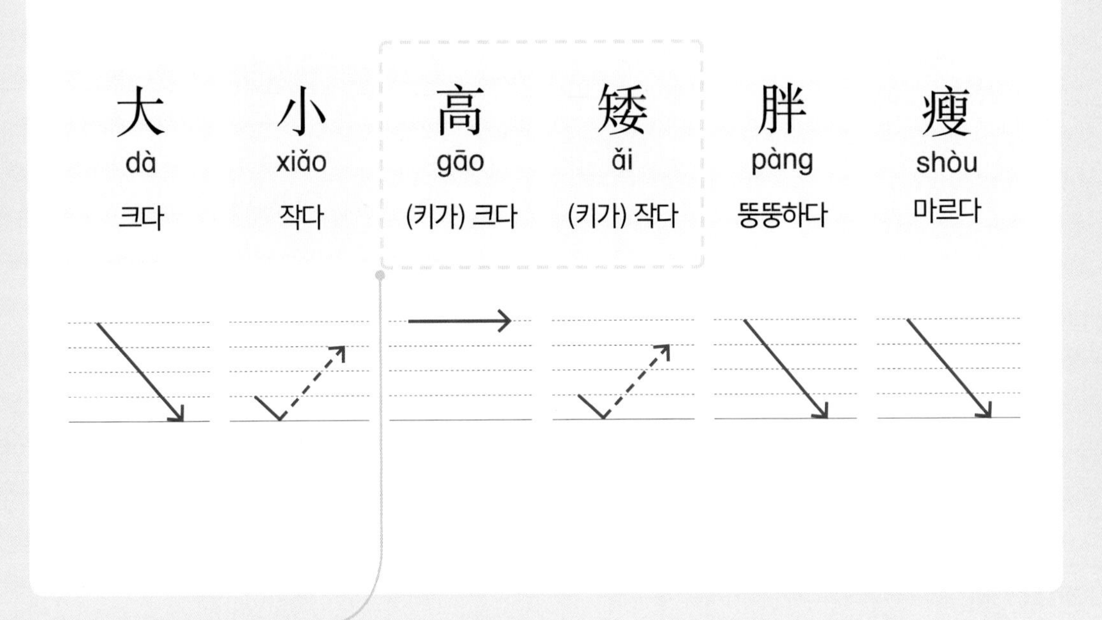

» 이 장에서는 형용사를 공부하면서 'a-' 발음을 복습합니다. 녹음을 따라 읽어 보세요.

• 한국어의 '키가 크다'와 '키가 작다'는 중국어로 '大', '小'가 아닌 '高 gāo', '矮 ǎi'라는 것을 잘 알아두세요!

형용사 2

* 성조의 높이를 보고, 녹음을 따라 아래 단어를 읽어 보세요.

难	忙	好	累	可爱	可怕
nán	máng	hǎo	lèi	kě'ài	kěpà
어렵다	바쁘다	좋다	피곤하다	귀엽다	무섭다

» 자주 사용되는 형용사입니다. 단어를 공부하면서 'a-'와 'e-' 발음을 연습합니다.

참고 '3성+4성' 조합은 73p '3성의 성조 변화' 참고

새 단어가 많아 부담되나요? 전혀 그럴 필요 없습니다. 지금은 우선 발음 연습을 위주로 하고, 단어는 뒤에서 복습할 때 다시 익히면 됩니다!

정도부사

04-07

* 성조의 높이를 보고, 녹음을 따라 아래 단어를 읽어 보세요.

很	特别	非常	太…了
hěn	tèbié	fēicháng	tài…le
아주, 매우	아주, 특별히	아주, 매우, 굉장히	너무 ~하다

» 정도부사가 무엇인지 배워 봅시다!

- 정도부사는 형용사 앞에 위치하며, 형용사의 '수준', '정도(程度)'를 나타냅니다.

» '정도부사'라는 용어가 생소한가요? 한국어에도 대응되는 문법과 단어가 있으니 위의 뜻을 보면 바로 이해될 것입니다. 지금은 우선 단어를 읽으며 뜻을 익히세요. 구체적인 활용 방법은 뒤에서 알아 보겠습니다.

- 일반적으로 '太 tài'는 '了 le'와 함께 쓰입니다.
  관용구처럼 **[太+형용사+了]**의 형태로 기억하는 것이 좋습니다.

3성의 성조 변화 1

04-08

1 3성 + 1, 2, 4성 ➡ 반3성 + 1, 2, 4성

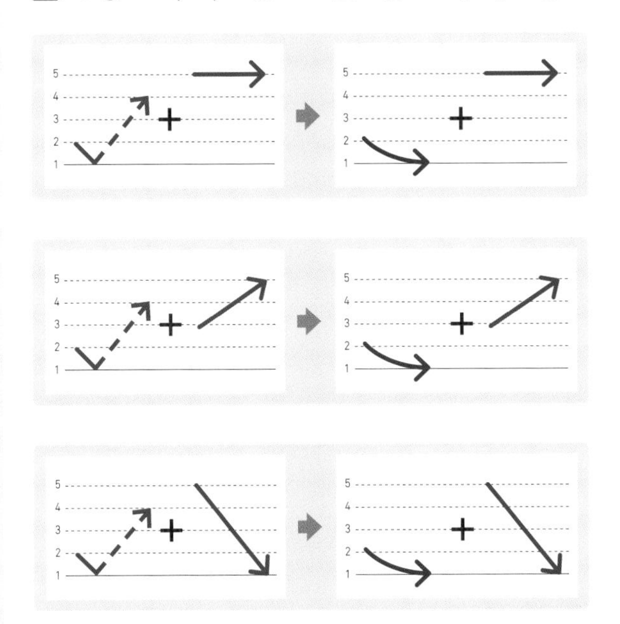

很高	hěn gāo	(키가) 크다
很难	hěn nán	어렵다
很忙	hěn máng	바쁘다
很大	hěn dà	(크기가) 크다
很累	hěn lèi	피곤하다

» 모든 한자는 각각 고유한 성조를 가지지만, 다른 단어와 이어지면 발음의 편의상 성조가 변합니다. 이것은 한국어의 '연음', 즉 '알아요'를 [아라요]로 읽는 것과 비슷한 현상입니다.

» 중국어는 세 가지 성조 변화 규칙이 있습니다. 우선 그 중 가장 복잡한 3성의 성조 변화를 알아 보겠습니다.

- 3성 뒤에 '1, 2, 4성'이 오면 3성을 온전히 발음하지 않고 내렸다가 다시 올라오지 않는 '반3성'으로 발음합니다.

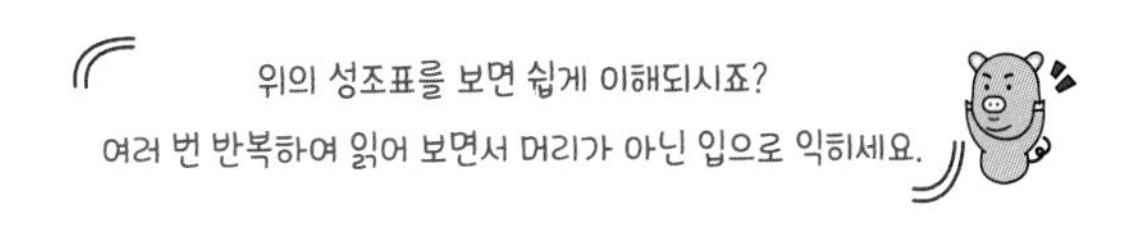

3성의 성조 변화 2

2 3성 + 3성 ➡ 2성 + 3성

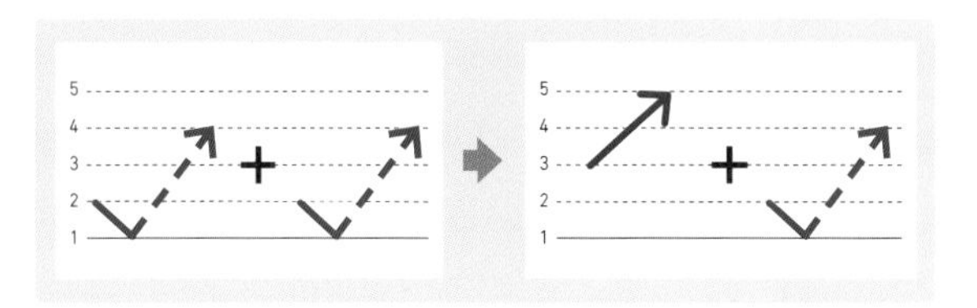

很好	hěn hǎo	좋다
很小	hěn xiǎo	작다
很矮	hěn ǎi	(키가) 작다
很可爱	hěn kě'ài	귀엽다
很可怕	hěn kěpà	무섭다

» 이어서 3성의 변화에 대해 더 알아 볼게요.

- 3성이 연속되면 앞의 3성은 2성으로 발음합니다.

성조 변화 규칙을 숙지한 후 연습을 통해 자연스럽게 익히는 것이 중요합니다. 그러나 실제 말을 할 때에는 지나치게 신경 쓸 필요는 없습니다. 조금 틀리더라도 중국인과 소통하는 데 큰 문제는 없지만, 좀 더 완벽한 중국어를 구사할 수 있도록 열심히 연습합시다.

형용사술어문

汉语 很 难。

Hànyǔ hěn nán.

중국어 (아주, 매우) 어렵다

중국어 주어 + 정도부사 + 형용사

한국어 주어 + (부사) + 형용사

» 형용사가 서술어인 문장을 '형용사술어문'이라고 합니다.

- 한국어는 형용사 앞에 부사가 없어도 되지만, 중국어는 형용사 앞에 '정도부사'가 반드시 있어야 합니다. 예를 들어, '他高', '我累'라고 하지 않고 '他很高', '我很累'와 같이 표현합니다. 이때 '很 hěn'은 '매우, 아주'의 뜻은 약해져 문법적 구성요소로만 쓰입니다.

문법

형용사술어문과 정도부사 1

很 hěn < 特别 tèbié < 非常 fēicháng

我	很	累	我很累。
나는	(매우, 아주)	피곤하다	Wǒ hěn lèi. 나는 (매우) 피곤해요.
汉语	特别	难	汉语特别难。
중국어는	아주	어렵다	Hànyǔ tèbié nán. 중국어는 아주 어려워요.
爸爸	非常	忙	爸爸非常忙。
아빠는	굉장히	바쁘다	Bàba fēicháng máng. 아빠는 굉장히 바빠요.

» 앞에서 배운 정도부사의 강도는 '非常 fēicháng > 特别 tèbié > 很 hěn'의 순입니다.

- '很'에 특별한 뜻이 없다는 것을 확인하고, 문장의 구조를 파악하세요. 형용사의 정도를 강조하고 싶을 때는 '非常(굉장히)', '特别(아주, 특별히)'를 사용하면 됩니다.
- '特别'의 발음은 초보자들이 혼동하기 쉬우니 주의하세요. '特'를 발음할 때 모음 'e' 소리가 목구멍 안쪽에서 나오도록 길게 발음합니다.

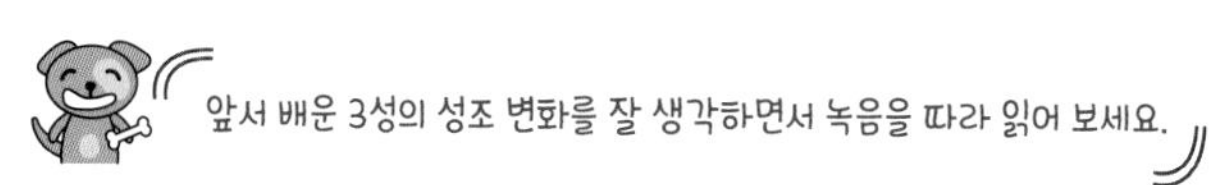

형용사술어문과 정도부사 2

주어 + 太 tài + 형용사 + 了 le

1 불만

汉语太难了!
Hànyǔ tài nán le!
중국어는 너무 어려워요!

我太累了!
Wǒ tài lèi le!
나 너무 피곤해요!

2 감탄

你太好了!
Nǐ tài hǎo le!
당신 너무 좋아요!

弟弟太可爱了!
Dìdi tài kě'ài le!
남동생이 너무 귀여워요!

3 불만 / 감탄

中国太大了!
Zhōngguó tài dà le!
중국은 너무 커요!

他太高了!
Tā tài gāo le!
그는 키가 너무 커요!

» '太…了'는 불만과 감탄, 두 가지 의미를 나타냅니다.

- 일반적으로 '太'는 '了'와 짝을 이뤄 **[太+형용사+了]** 구조로 사용됩니다. 이 경우 '太…了'는 주로 불만의 감정을 나타냅니다. 따라서, '太'를 사용할 때는 주의를 기울여야 합니다.
- '太…了'가 '好', '可爱' 등의 긍정적인 단어와 호응되면 '불만'이 아닌 '감탄'을 나타냅니다. 그러나, '大', '高'와 같이 긍정적인지 부정적인지 의미가 불분명한 경우에는 말의 뉘앙스에 따라 감탄과 불만이 결정됩니다. 이것은 한국어의 '너무'가 맥락과 뉘앙스에 따라 긍정 또는 부정적 의미가 되는 것과 같습니다.

형용사로 묻고 답하기 (긍정)

Q

汉语	难	吗?
Hànyǔ	nán	ma?
중국어	어렵다	-아/어/여요?

A

汉语	很	难。
Hànyǔ	hěn	nán.
중국어	(아주)	어렵다

Q 주어 + 형용사 + 吗 ?

A 주어 + 정도부사 + 형용사

» 형용사술어문을 의문형으로 바꾸려면 문장 끝에 의문조사인 '吗'를 붙이기만 하면 됩니다.

» 단, 질문할 때는 정도부사 '很'을 넣어 질문하지 않도록 주의하세요! 형용사술어문 의문문에는 정도부사를 쓰지 않습니다.

» 대답할 때는 앞서 배웠듯이 형용사 앞에 정도부사를 넣어야 합니다.

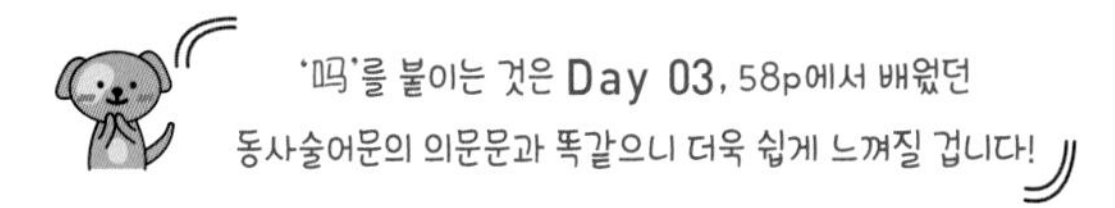

문법 – 연습

형용사로 묻고 답하기 연습 (긍정)

04-12

Q

哥哥	高	吗?
Gēge	gāo	ma?
형은/오빠는	(키가) 크다	-아/어/여요?
你	忙	吗?
Nǐ	máng	ma?
당신은	바쁘다	-아/어/여요?
她	累	吗?
Tā	lèi	ma?
그녀는	피곤하다	-아/어/여요?

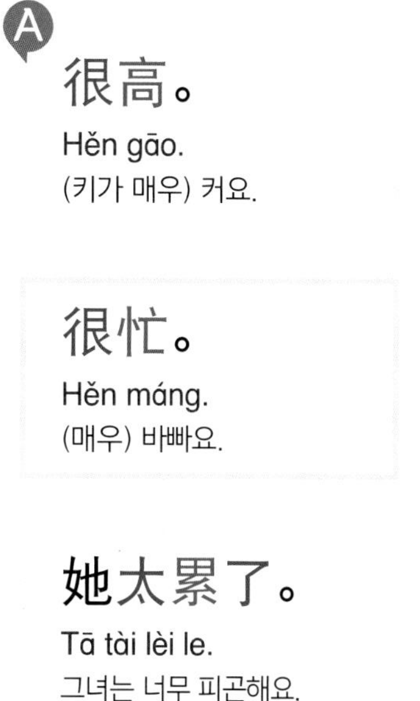

A

很高。
Hěn gāo.
(키가 매우) 커요.

很忙。
Hěn máng.
(매우) 바빠요.

她太累了。
Tā tài lèi le.
그녀는 너무 피곤해요.

» 앞에서 배운 형용사술어문의 특징을 생각하면서 형용사로 묻고 답하는 연습을 해 보세요.

- 대답의 형식은 다음과 같습니다.

  ❶ 정도부사 + 형용사

  ❷ 주어 + 정도부사 + 형용사

단어

심리동사

04-13

* 성조의 높이를 보고, 녹음을 따라 아래 단어를 읽어 보세요.

爱	怕	害怕	喜欢
ài	pà	hàipà	xǐhuan
사랑하다	무서워하다, 걱정하다	무서워하다	좋아하다

» '사랑하다', '무서워하다', '좋아하다'와 같이 사람의 감정이나 심리를 나타내는 단어를 '심리동사'라고 합니다.

» '喜欢 xǐhuan'은 동사로, 한국어의 '좋아하다'와 같은 의미입니다. '好 hǎo'는 형용사로, 한국어의 '좋다'에 해당됩니다. 이 두 단어를 구분하지 못하고 잘못 사용하는 경우가 많은데 혼동하지 않도록 주의하세요.

• 다음의 형용사와 동사를 구분하여 알아둡시다!

동사
- 害怕/怕 무서워하다
- 爱 사랑하다
- 喜欢 좋아하다

형용사
- 可怕 무섭다
- 可爱 귀엽다
- 好 좋다

정도부사 + 심리동사

주어 + 정도부사 + 심리동사 + 목적어

我	很	害怕	老师。
Wǒ	hěn	hàipà	lǎoshī.
나는	(매우)	무서워하다	선생님을

我	特别	喜欢	中国。
Wǒ	tèbié	xǐhuan	Zhōngguó.
나는	아주	좋아하다	중국을

我	非常	爱	你。
Wǒ	fēicháng	ài	nǐ.
나는	굉장히	사랑하다	당신을

» 일반동사는 정도부사의 수식을 받을 수 없지만, 심리동사는 정도부사의 수식을 받아 감정의 정도를 설명할 수 있습니다.
물론 심리동사도 다른 동사와 마찬가지로 정도부사가 없어도 됩니다.

» 심리동사는 주어의 심리나 감정을 나타내는 동사를 말합니다.

이제 자신의 심리상태도 중국어로 말해 볼 수 있게 되었어요!
정말 대단하지요?

심리동사로 묻고 답하기 (긍정)

Q	你	喜欢 我	吗?
	Nǐ	xǐhuan wǒ	ma?
	너	나를 좋아하다	-아/어/여요?
A	我	(很)	喜欢 你。
	Wǒ	hěn	xǐhuan nǐ.
	나	(아주)	너를 좋아하다

Q 주어 + 심리동사 + (목적어) + 吗 ?

A 주어 + (정도부사) + 심리동사 + (목적어)

» 심리동사술어문 역시 문장 끝에 '吗'를 붙여 의문문을 만듭니다.
질문할 때는 정도부사를 넣지 않으며, 대답할 때는 정도부사를 넣어도 되고 안 넣어도 됩니다.

» 대답할 때 목적어는 생략해도 됩니다.

주의 '你爱我吗? (당신은 나를 사랑해요?)'라는 질문에 '我爱你。(나는 당신을 사랑해요.)'라고 답해야 하듯이 '你喜欢我吗? (당신은 나를 좋아하나요?)'의 질문에도 '我喜欢你。(나는 너를 좋아해요.)'라고 답해야 합니다. '你'와 '我'의 위치에 주의하세요!

문법 – 연습

심리동사로 묻고 답하기 연습 (긍정)

04-15

你 Nǐ 당신은	怕 老师 pà lǎoshī 선생님을 무서워하다	吗? ma? -아/어/여요?	A 怕! Pà! 무서워해요!
你 Nǐ 당신은	喜欢 中国 xǐhuan Zhōngguó 중국을 좋아하다	吗? ma? -아/어/여요?	很喜欢。 Hěn xǐhuan. (아주) 좋아해요.
你 Nǐ 당신은	爱 我 ài wǒ 나를 사랑하다	吗? ma? -아/어/여요?	我非常爱你。 Wǒ fēicháng ài nǐ. 저는 당신을 매우 사랑해요.

» 앞에서 배운 심리동사술어문의 특징을 떠올리면서 심리동사로 묻고 답하는 연습을 해 보세요.

- 대답의 형식은 다음과 같습니다.
  1. 심리동사 단독
  2. 정도부사 + 심리동사
  3. 주어 + 심리동사
  4. 주어 + 정도부사 + 심리동사
  5. 주어 + 정도부사 + 심리동사 + 목적어

위의 다섯 가지 방법 중 원하는 방식으로 말하면 됩니다.
참 쉽고 간단하지요?

Today's Mission!

04-16

의문문의 구조를 정리하여 중국인 친구와 근황 토크를 할 수 있다!

› 중국인 친구와의 대화는 물어 보고 대답하는 것이 기본! 이번 미션에서는 지금까지 배웠던 '吗' 의문문의 구조를 다시 한번 정리해 보고 긍정의 형식으로 대답하는 것까지 다시 확인해 봅시다.

	'吗'로 질문하기	긍정 대답
동사	주어 + 동사 + 목적어 + 吗?	주어 + 동사 + 목적어
	你学汉语吗? Nǐ xué Hànyǔ ma?	我学汉语。 Wǒ xué Hànyǔ.
형용사	주어 + 형용사 + 吗 ?	주어 + 정도부사 + 형용사
	你累吗? Nǐ lèi ma?	我很累。 Wǒ hěn lèi.
	你忙吗? Nǐ máng ma?	我非常忙。 Wǒ fēicháng máng.
	汉语难吗? Hànyǔ nán ma?	汉语太难了。 Hànyǔ tài nán le.
심리동사	주어 + 심리동사 + 목적어 + 吗?	주어 + 정도부사 + 심리동사 + 목적어
	你喜欢你的老师吗? Nǐ xǐhuan nǐ de lǎoshī ma?	我特别喜欢我的老师。 Wǒ tèbié xǐhuan wǒ de lǎoshī.
	你害怕老师吗? Nǐ hàipà lǎoshī ma?	我很害怕老师。 Wǒ hěn hàipà lǎoshī.
	你喜欢学汉语吗? Nǐ xǐhuan xué Hànyǔ ma?	我非常喜欢学汉语。 Wǒ fēicháng xǐhuan xué Hànyǔ.

› 한눈에 알아보기 쉽게 정리해 놓으니 그동안 열심히 쌓았던 중국어 실력이 확인이 되나요? 이제 미션으로 넘어가 보아요!

Mission 앞에서 정리해 본 '吗' 의문문과 긍정형 대답은 일상생활에서 어떻게 활용될까요?
아래 대화문을 통해 배운 내용을 확인하고 회화 연습을 하면, 중국인 친구와 근황 토크하기 미션 완료!

요즘 중국어를 배우는 나는 매일 수업에 예습, 복습, 숙제까지 하느라 너무 바빠 친구들과 놀 시간도 없다. 오늘 나는 길에서 우연히 중국인 친구를 만나 서로 안부를 묻고, 근황에 대해 이야기를 나누었다.

A 帅哥，好久不见。 미남! 오랜만이야.
Shuàigē, hǎojiǔ bújiàn.

B 美女，好久不见。最近忙吗? 미녀, 오랜만이야. 요즘 바빠?
Měinǚ, hǎojiǔ bújiàn. Zuìjìn máng ma?

A 我学汉语，非常忙! 중국어 공부하고 있어. 굉장히 바빠!
Wǒ xué Hànyǔ, fēicháng máng!

B 汉语难吗? 중국어 어려워?
Hànyǔ nán ma?

A 太难了! 너무 어려워!
Tài nán le!

B 你的老师好吗? 너의 선생님 좋아?
Nǐ de lǎoshī hǎo ma?

A 我的老师特别好，我很喜欢她。 나의 선생님은 정말 좋아. 나는 선생님을 좋아해.
Wǒ de lǎoshī tèbié hǎo, wǒ hěn xǐhuan tā.

B 你累吗? 힘들어(피곤해)?
Nǐ lèi ma?

A 我很累。 힘들어(피곤해).
Wǒ hěn lèi.

B 加油! 파이팅!(힘내!)
Jiāyóu!

A 谢谢! 고마워!
Xièxie!

단어
帅哥 shuàigē 미남
美女 měinǚ 미녀
好久不见 hǎojiǔ bújiàn 오랜만이다
加油 jiāyóu 파이팅!

레알~ 중국 맛보기!

중국의 호칭 문화

▮ 帅哥(shuàigē 슈아이꺼) & 美女(měinǚ 메이뉘)

미남은 '帅哥(shuàigē 슈아이꺼)', 미녀는 '美女(měinǚ 메이뉘)'입니다. 잘생기고 예쁜 사람을 가리키는 표현이지만, 요즘엔 젊은이들 사이에서 서로를 친근하게 부르는 호칭으로 사용되기도 합니다. 사적인 자리에서 격의 없이 쓰는 표현이므로 가까운 친구들끼리만 사용하는 것이 좋습니다.

▮ 大叔(dàshū 따슈) & 大妈(dàmā 따마)

중년의 남녀를 부르는 말로 '따슈(大叔 dàshū)'는 '아저씨', '따마(大妈 dàmā)'는 '아줌마'를 뜻합니다. '따슈'는 원래 다소 부정적인 느낌을 주는 말이었는데, 최근 한국 드라마가 유행하면서 매력 있고 성숙한 남성의 이미지가 생겨났습니다.

▮ 欧巴(ōubā 오우빠) & 欧尼(ōuní 오우니)

한국드라마의 영향으로 생겨난 호칭입니다. '오빠', '언니'를 중국식 발음으로 표현한 것으로, 특히 '欧巴(오우빠 ōubā)'는 특별히 관심이 가거나 좋아하는 남자를 지칭할 때 쓰입니다. 중국인 친구들이 '오빠', '언니'하며 자연스럽게 한국어 표현을 하는 것을 볼 때마다, 매번 한류의 인기를 실감하곤 합니다.

Day 05

Today's Mission!

화폐 관련 표현을 배워
쇼핑도 하고 흥정도 할 수 있다!

'u-' 운모

05-01

* 녹음을 따라 1성부터 4성까지 순서대로 읽어 보세요.

운모 / 성조	u	ua	uai	uan	uang	uo	uei	uen	ueng
1성 (5→5)	ū	uā	uāi	uān	uāng	uō	uēi	uēn	uēng
2성 (3→5)	ú	uá	uái	uán	uáng	uó	uéi	uén	uéng
3성 (2→1→4)	ǔ	uǎ	uǎi	uǎn	uǎng	uǒ	uěi	uěn	uěng
4성 (5→1)	ù	uà	uài	uàn	uàng	uò	uèi	uèn	uèng

» 이 과에서는 한국인들이 자주 틀리는 발음 중 하나인 'u'로 시작하는 모음을 연습하겠습니다.

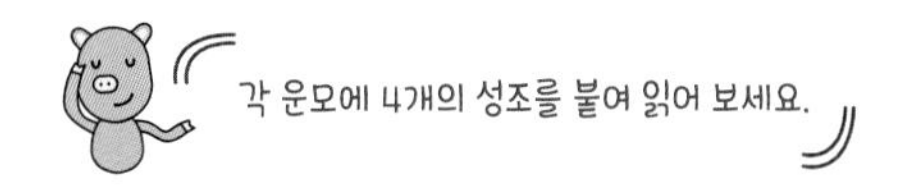

성모+'u-' 운모 연습 1

* 성모와 운모의 결합표를 보고, 녹음을 따라 순서대로 읽어 보세요.

성모 \ 운모	u	ua	uo	uai	uei	uan	uen	uang	ueng
없음	wu	wa	wo	wai	wei	wan	wen	wang	weng
b	bu								
p	pu								
m	mu								
f	fu								

» 'u-' 운모와 성모 'b/p/m/f'의 결합 발음을 연습하겠습니다.

- 'u'로 시작되는 운모가 성모와 결합하지 않고 단독으로 음절을 이룰 때, 즉 'u'가 단독으로 사용될 때에는 'wu'로 표기하며 나머지 운모도 'u'를 'w'로 바꾸어 표기해야 합니다.

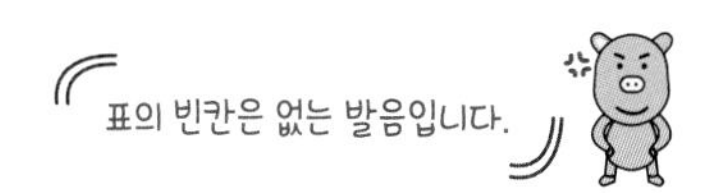

발음 – 연습

성모+'u-' 운모 연습 2

* 성모와 운모의 결합표를 보고, 녹음을 따라 순서대로 읽어 보세요.

운모 / 성모	u	ua	uo	uai	u(e)i	uan	u(e)n	uang	ueng
d	du		duo		dui	duan	dun		
t	tu		tuo		tui	tuan	tun		
n	nu		nuo			nuan			
l	lu		luo			luan	lun		

» 'u-' 운모와 성모 'd / t / n / l'가 결합된 발음을 연습하겠습니다.

- '-uei', '-uen' 앞에 성모가 오면 'e'가 생략되어 'dui', 'dun'으로 표기됩니다. 그러나 발음할 때는 'e'를 살려 발음해야 합니다.
- '-uan'을 발음할 때는 'a'를 길게 발음합니다.

발음 – 연습

성모 + 'u-' 운모 연습 3

* 성모와 운모의 결합표를 보고, 녹음을 따라 순서대로 읽어 보세요.

운모 / 성모	u	ua	uo	uai	u(e)i	uan	u(e)n	uang
g	gu	gua	guo	guai	gui	guan	gun	guang
k	ku	kua	kuo	kuai	kui	kuan	kun	kuang
h	hu	hua	huo	huai	hui	huan	hun	huang

» 'u-' 운모와 성모 'g/k/h'가 결합된 발음을 연습하겠습니다.

- 마찬가지로 '-uei', '-uen' 앞에 성모가 오면 'e'가 생략되어 'gui', 'gun'으로 표기됩니다. 그러나 발음할 때는 'e'를 살려 발음해야 합니다.

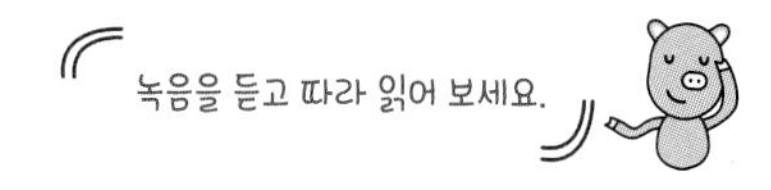

동사

* 성조의 높이를 보고, 녹음을 따라 아래 단어를 읽어 보세요.

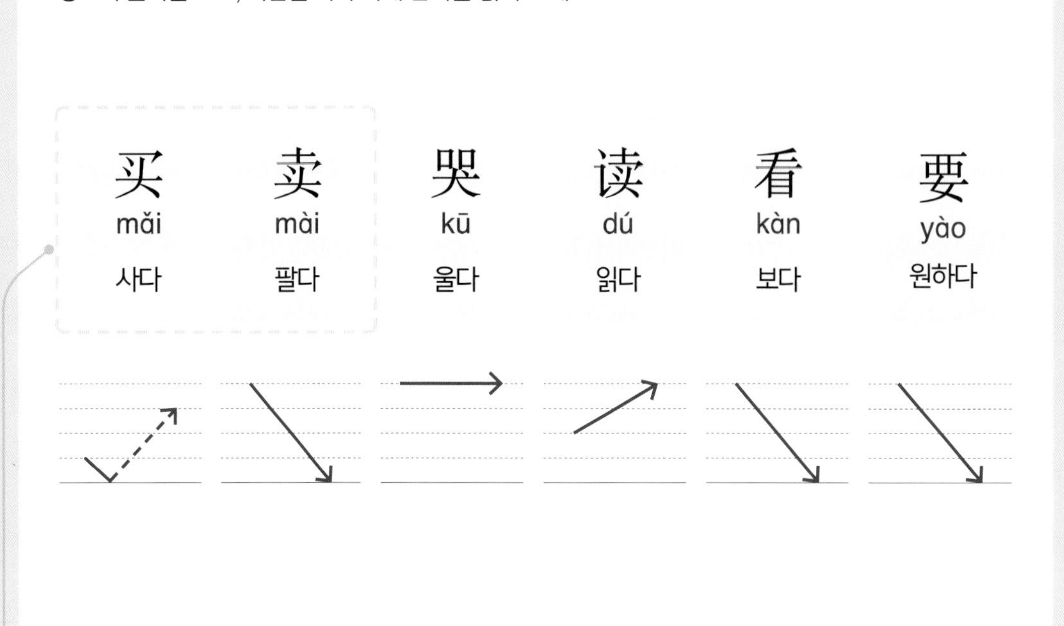

» 활용도가 높은 동사를 익히면서 발음을 연습하겠습니다. 녹음을 따라 읽어 보세요.

» 이 중 '买 mǎi'와 '卖 mài'는 발음은 같으나 성조에 따라 뜻이 상반되니 발음에 유의하세요.

언어를 공부할 때 가장 중요한 것은 반복하여 학습하는 것입니다!
간단한 내용도 꾸준히 반복 학습을 하면, 정확하게 익힐 수 있고
비로소 진짜 중국인처럼 중국어를 말할 수 있게 됩니다.

형용사

05-06

* 성조의 높이를 보고, 녹음을 따라 아래 단어를 읽어 보세요.

多	渴	饿	错	对	贵
duō	kě	è	cuò	duì	guì
많다	목마르다	배고프다	틀리다	맞다	비싸다

» 활용도 높은 형용사를 익히면서 발음을 연습하겠습니다.

» 특히 'e'가 생략된 'dui(对)', 'gui(贵)'의 발음을 잘 듣고 따라 해 보세요.

벌써 동사/형용사 다양한 단어의 발음을 연습했어요. 꾸준히 여러 번 읽다 보면
자연스럽게 한자와 발음, 뜻이 연결되어 머릿속에 남을 거예요!

발음

'不'의 성조 변화 - 동사의 부정

1 不(bù) + 1, 2, 3성 : 변화 없음

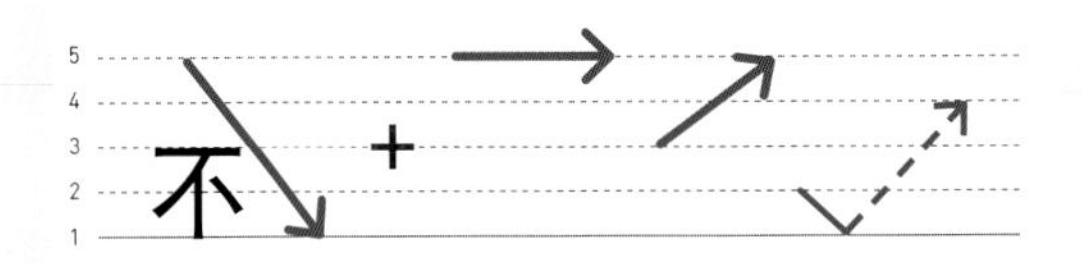

不哭	bù kū	울지 않다
不读	bù dú	읽지 않다
不买	bù mǎi	사지 않다

2 不(bù) + 4성 ➡ 不(bú) + 4성

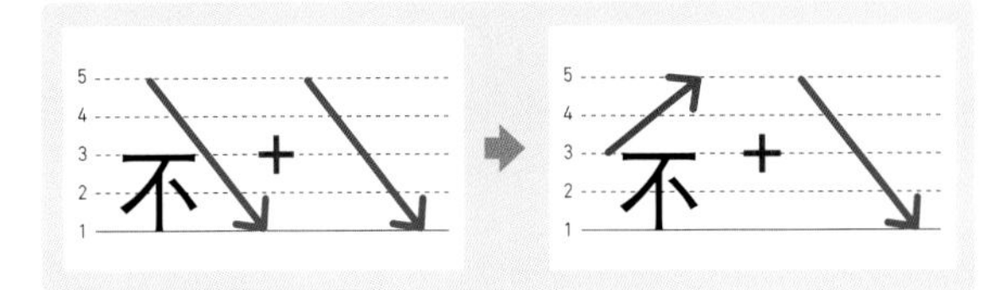

不看	bú kàn	보지 않다
不卖	bú mài	팔지 않다
不要	bú yào	원하지 않다

» '不'의 성조 변화에 대해 알아 보겠습니다.

» 제시된 단어를 읽으며 동사의 부정 형식을 익힙니다.

- '不 bù'는 원래 4성이지만, 4성 앞에서는 2성으로 변합니다.

참고 '买 mǎi'와 '卖 mài'의 성조가 달라서 부정을 읽는 법도 '不买 bù mǎi'와 '不卖 bú mài'로 달라진다는 것 참고하세요!

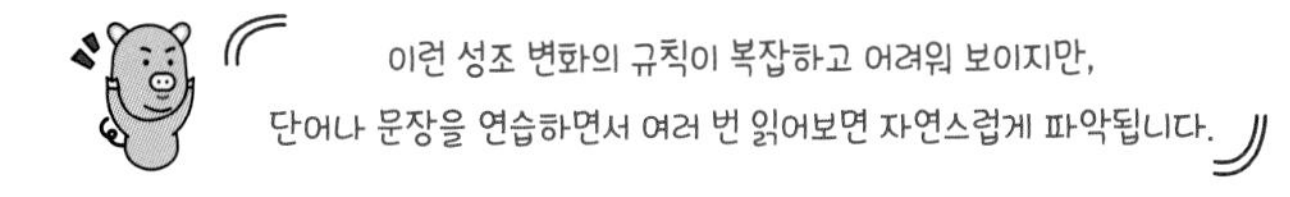

발음

'不'의 성조 변화 - 형용사의 부정

05-08

1 不(bù) + 1, 2, 3성 : 변화 없음

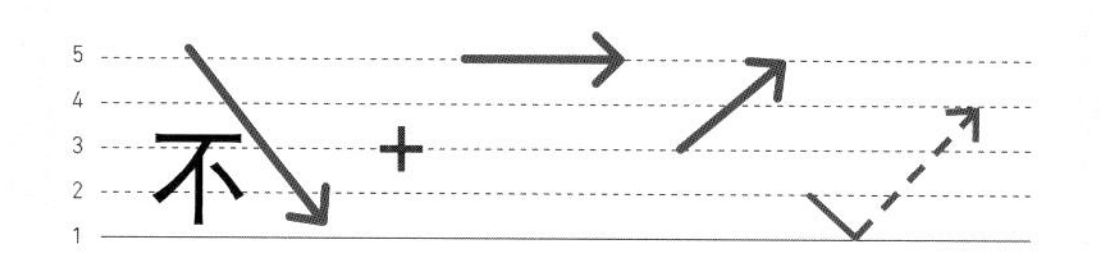

不多	bù duō	많지 않다
不忙	bù máng	바쁘지 않다
不渴	bù kě	목마르지 않다

2 不(bù) + 4성 ➡ 不(bú) + 4성

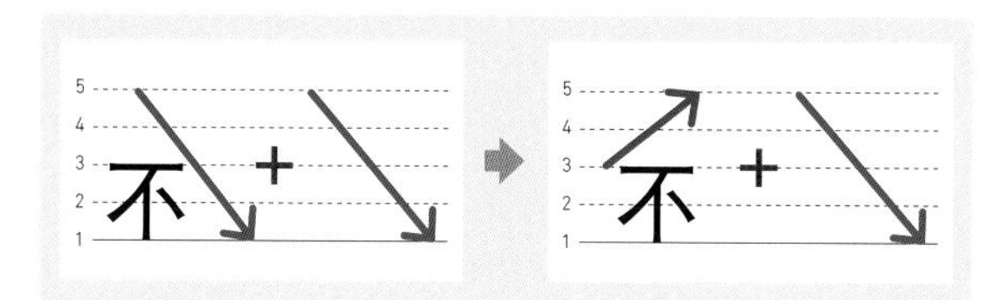

不饿	bú è	배고프지 않다
不错	bú cuò	괜찮다
不对	bú duì	맞지 않다

» 제시된 단어를 읽으며 형용사의 부정 형식을 익힙니다.

- '不错 bú cuò'는 '틀리지 않다'는 뜻으로도 쓰이지만, 주로 '괜찮다, 좋다'는 뜻으로 쓰입니다. 혼동하지 않도록 주의하세요.

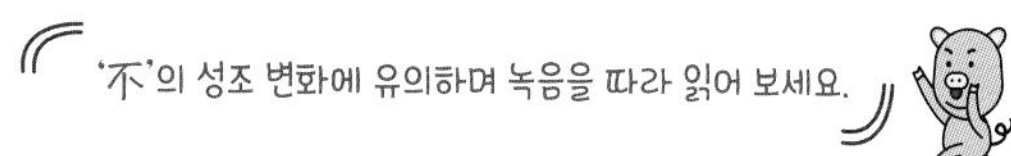

'不' 부정문-동사

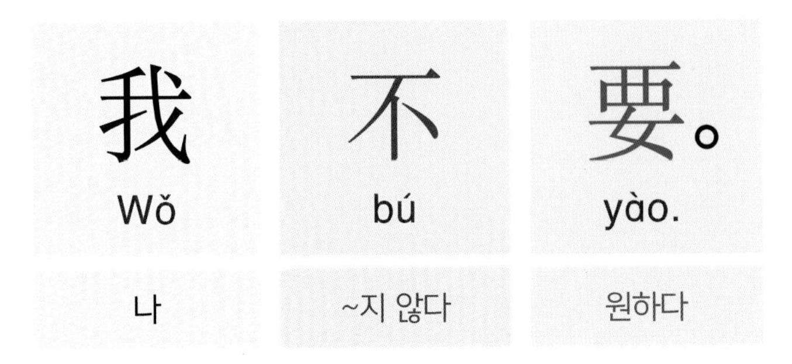

중국어 주어 + 不 + 서술어(동사)

한국어 주어 + 서술어(동사) + 부정(~지 않다)

» 동사가 서술어로 쓰인 문장을 부정문으로 만들 때는 동사 앞에 '不 bù'를 붙입니다.

주의 '要 yào'가 4성이기 때문에 '不 bù'는 2성(bú)으로 변합니다!

문법 – 연습

동사 부정문 연습

买包吗?
Mǎi bāo ma?
가방 사요?

不买。
Bù mǎi.
안 사요.

你害怕老师吗?
Nǐ hàipà lǎoshī ma?
당신 선생님 무서워해요?

我不害怕。
Wǒ bú hàipà.
나는 무서워하지 않아요.

你看报吗?
Nǐ kàn bào ma?
당신 신문 봐요?

我不看报。
Wǒ bú kàn bào.
나는 신문 안 봐요.

» 묻고 답하는 연습을 통해 부정문 형식을 복습하겠습니다.

» 먼저 동사의 부정 형식을 연습해 봅시다. 앞서 배웠던 동사들이지요?
그럼 제시된 문장의 뜻을 생각한 후, '不'를 넣어 부정문을 만들어 보세요.

- 동사의 부정은 다음의 세 가지 형식으로 대답할 수 있습니다.
  1. 不 + 동사
  2. 주어 + 不 + 동사
  3. 주어 + 不 + 동사 + 목적어

주의 '不'의 성조 변화에 유의하세요!

'不' 부정문 - 형용사

중국어 주어 + 不 + 서술어(형용사)

한국어 주어 + 서술어(형용사) + 부정(~지 않다)

» 형용사가 서술어로 쓰인 형용사술어문에서의 부정 형식은 형용사 앞에 '不 bù'를 붙입니다.

» 형용사술어문에서는 '很'과 같은 정도부사를 빼고 '不'를 붙입니다.

주의 여기에서 '饿 è'가 4성이기 때문에 '不 bù'는 2성(bú)으로 변합니다!

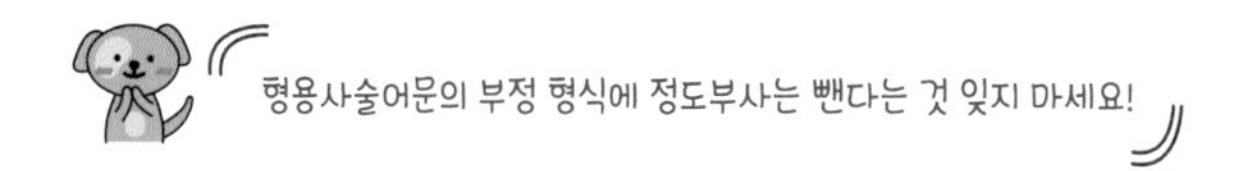

형용사 부정문 연습

05-10

» 형용사의 부정 형식을 연습해 봅시다.
제시된 단어를 파악한 후 문장의 뜻을 생각해 보세요. 그런 다음 부정문을 만들어 보세요.
한국어 뜻도 말해 보고, 중국어를 한국어로, 한국어를 중국어로 바꾸어 말하는 연습을 해 보세요.

- 형용사의 부정은 다음의 두 가지 형식으로 답할 수 있습니다.
  1. 不 + 형용사
  2. 주어 + 不 + 형용사

주의 부정문에는 정도부사를 넣지 않습니다.

주의 '不'의 성조 변화에 유의하세요!

형용사의 부정 – '不太'

05-11

주어 + 不 + 형용사	➡	주어 + 不太 + 형용사
他不高。 Tā bù gāo. 그는 키가 크지 않다.	➡	他不太高。 Tā bútài gāo. 그는 키가 별로 크지 않다.
我不忙。 Wǒ bù máng. 나는 바쁘지 않다.	➡	我不太忙。 Wǒ bútài máng. 나는 별로 바쁘지 않다.
汉语不难。 Hànyǔ bù nán. 중국어는 어렵지 않다.	➡	汉语不太难。 Hànyǔ bútài nán. 중국어는 별로 어렵지 않다.

» [不太 + 형용사]는 '별로(그다지) ~않다'는 뜻입니다.
[不 + 형용사]에 비해 부정의 의미가 약하기 때문에 상대적으로 어감이 부드러워서 많이 사용됩니다.

- 이때 '太 tài'가 4성이므로 '不'는 2성으로 발음해야 합니다.

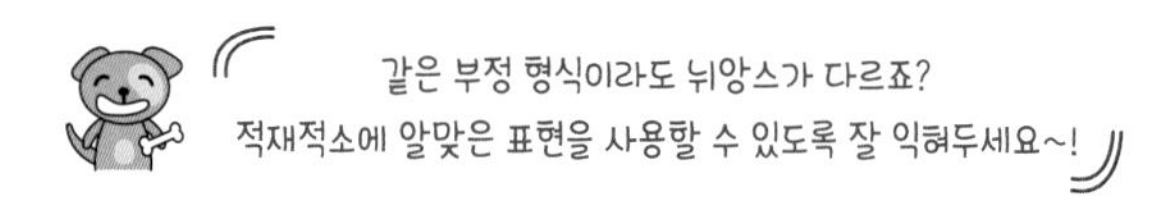

정반의문문

동사	买 Mǎi 사다	不 bu 안	买? mǎi? 사다
형용사	贵 Guì 비싸다	不 bu 안	贵? guì? 비싸다

중국어 A + 不(bu) + A?

한국어 A + 안 + A?

» 앞서 '吗' 의문문을 배웠습니다. 여기서는 또 다른 의문 형식인 '정반의문문'을 공부하겠습니다.

- 위 문장은 '동사/형용사'의 긍정과 부정을 병렬한 **[동사/형용사+不+동사/형용사]** 의문문입니다.
- '정반의문문'에서는 문장 끝에 '吗'를 붙이지 않아야 합니다.
- 이때 '不'는 경성으로 발음합니다.

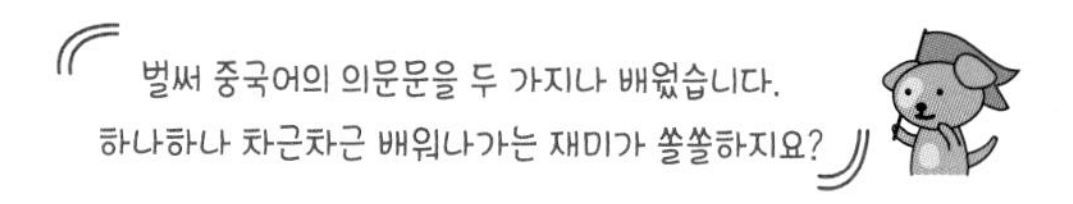

문법 – 연습

정반의문문의 긍정/부정 대답 연습

05-12

동사

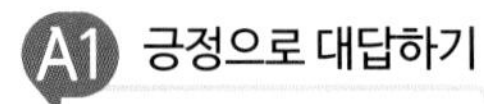

Q	A1 긍정으로 대답하기	A2 부정으로 대답하기
你要不要? Nǐ yào bu yào? 당신 원해요, 안 원해요?	要。 Yào. 원해요.	不要。 Bú yào. 원하지 않아요.

형용사

Q	A1	A2
汉语难不难? Hànyǔ nán bu nán? 중국어 어려워요, 안 어려워요?	很难。 Hěn nán. 어려워요.	不(太)难。 Bú(tài) nán. (별로) 어렵지 않아요.

» 긍정 또는 부정으로 답하는 방법을 각각 알아두세요.

- 동사는 상대적으로 단순하나, 형용사는 긍정의 답일 때에 정도부사를 붙여 답을 해야 합니다. '不太'를 사용하면 완곡한 부정의 표현이 되는 것도 알아두세요.

  예 不太难。 그다지 어렵지 않아.

질문도 중요하지만 대답도 중요하지요.
원하는 질문과 답을 하기 위해 다양하게 연습해 두세요.

문법 – 정리

'吗' 의문문 VS 정반의문문

동사 + 吗?	VS	동사 + 不 + 동사?
看吗? Kàn ma? 봐요?		看不看? Kàn bu kàn? 봐요, 안 봐요?

형용사 + 吗?	VS	형용사 + 不 + 형용사?
对吗? Duì ma? 맞아요?		对不对? Duì bu duì? 맞아요, 안 맞아요?

» '吗'의문문과 정반의문문을 비교해 봅시다.

- 정반의문문을 한국어로 번역해 보면 '봐 안 봐?', '맞아 안 맞아?'와 같이 약간 다그치는 듯한 강압적인 어감을 가지죠? 이것이 바로 한국인 학습자가 정반의문문을 잘 사용하지 않는 이유이기도 한데요, 그러나 실제로는 '吗'의문문과 어감에서의 차이는 없고 오히려 중국인들은 정반의문문을 더 즐겨 사용하니, 안심하고 사용해도 됩니다.

Today's Mission!

화폐 관련 표현을 배워 쇼핑도 하고 흥정도 할 수 있다!

› 중국의 화폐단위를 익히며 발음과 성조를 연습하겠습니다. 중국의 화폐는 '인민폐(人民币 rénmínbì)'라고 하며, 화폐단위를 말할 때는 '块 kuài > 毛 máo > 分 fēn', 글로 쓸 때는 '元 yuán > 角 jiǎo > 分 fēn'을 사용합니다. 또한, 그러나 최근에는 물가와 화폐가치의 상승에 따라 우리나라의 1원에 해당하는 '分 fēn'은 거의 사용되지 않습니다.

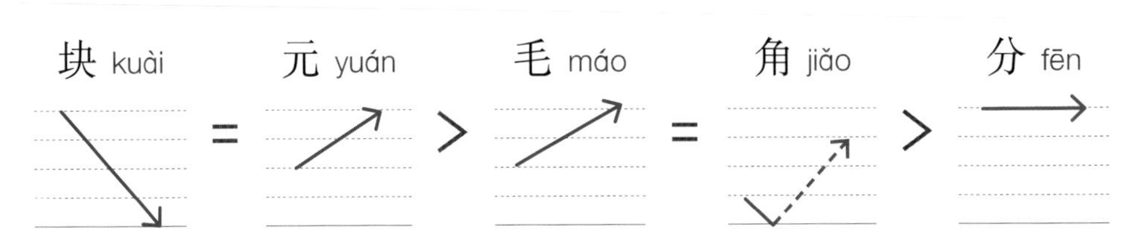

참고 1块=10毛 / 1毛=10分

예 20元: 二十块 èrshí kuài　　13.8元: 十三块八毛 shísān kuài bā máo

› 가격을 물을 때는 '多少(duōshao 얼마)钱(qián 돈)? '이라고 합니다. 이때 '少'는 경성입니다. 주어로는 '这个 zhège(이것)', '那个 nàge(저것, 그것)'를 쓸 수 있는데, 이 단어는 지시대명사에 양사 '个'가 더해진 형태입니다. 복수형으로는 '这些 zhèxiē(이것들)', '那些 nàxiē(저것들, 그것들)'라는 말도 쓸 수 있습니다. 이 표현만 기억하면 어디 가서든 물건을 살 수 있어요!

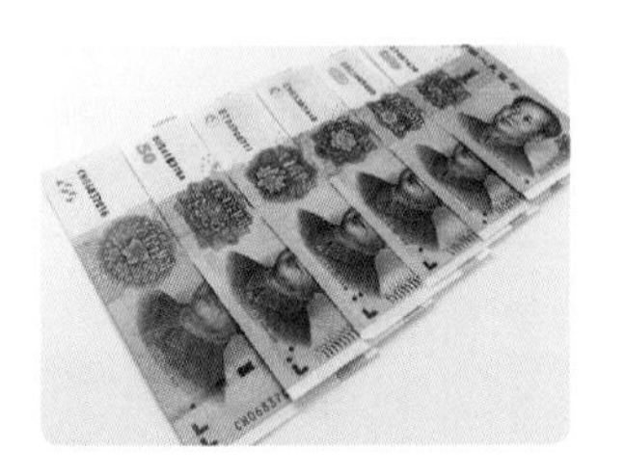

› 중국에서 외국인이 자주 가는 곳에는 대부분 계산기로 가격을 보여주기 때문에 가격을 알아듣지 못해도 됩니다. 그러나 한 단계 더 나아가 물건값을 흥정하려 할 때는 꼭 필요하니 알아두는 게 좋습니다.

주의 '这个'의 발음이 한국어의 '저거(저 것)'와 비슷해서 한국사람들은 좀 헷갈릴 수 있어요. 실제로 한국어 '저거(저것)'은 '那个'입니다.

Mission 중국의 화폐단위와 가격을 묻는 표현을 배웠습니다. 중국에서 어떻게 하면 자신이 원하는 가격에 물건을 살 수 있을까요? 지금까지 배운 각종 형용사를 활용하여 흥정하며 물건을 사게 되면 미션 성공!

A 你好！看包吗？ 안녕하세요! 가방 보세요?
Nǐ hǎo! Kàn bāo ma?

B 贵不贵？ 비싸요, 안 비싸요?
Guì bu guì?

A 不贵，不贵。 안 비싸요, 안 비싸.
Bú guì, bú guì.

B 这个多少钱？ 이거 얼마예요?
Zhège duōshao qián?

A 五百块。 500위안이요.
Wǔbǎi kuài.

B 太贵了！我不要。 너무 비싸요! 저 안 살래요.
Tài guì le! Wǒ bú yào.

A 四百块，要不要？ 400위안, 살래요, 안 살래요?
Sìbǎi kuài, yào bu yào?

B 太贵了！太贵了！ 너무 비싸요, 너무 비싸!
Tài guì le! Tài guì le!

A 三百块。好不好？ 300위안이요. 좋아요, 안 좋아요?
Sānbǎi kuài. Hǎo bu hǎo?

B 一百块。卖不卖？ 100위안이요. 팔래요, 안 팔래요?
Yībǎi kuài. Mài bu mài?

A 不卖！ 안 팔아요!
Bú mài!

B 再见！ 안녕히 계세요!
Zàijiàn!

A 二百，你买不买？ 200위안이요. 손님, 살래요, 안 살래요?
Èrbǎi, nǐ mǎi bu mǎi?

B 不买！再见！ 안 사요! 안녕히 계세요!
Bù mǎi! Zàijiàn!

* 위의 대화문을 읽을 때나 실제로 대화할 때에 '不'의 발음 변화에 주의해서 연습하세요!

레알~ 중국 맛보기!

중국의 소비 문화

剁手(duòshǒu 뚜오쇼우) = 손을 자르다?!

‘月光族(yuèguāngzú 웨꽝주)’라는 말이 있습니다. ‘月光(yuèguāng 웨꽝)’은 ‘달빛’, ‘族(zú 주)’는 ‘민족’, 즉 ‘달빛 족’입니다. 낭만적인 표현 같지만, 실제로는 월급을 매달 다 써버리는 사람을 뜻합니다. 월급을 다 소진해버릴 만큼 쇼핑에 중독되었다면, ‘剁手(duòshǒu 뚜오쇼우)해야겠다’라고 말하곤 하는데요. ‘손이라도 잘라서’ 지나친 충동구매를 막아보겠다는 의미입니다. 중국의 경제 발전과 함께 소비문화가 확대되면서 이와 관련한 다양한 신조어가 생겨나고 있습니다. 쇼핑에 편리함을 주는 전자결제가 보편화되면서 소비는 더욱 활성화되고 있는데요. 이와 함께 또 어떤 재기발랄하고 톡톡 튀는 신조어가 등장하게 될지 기대됩니다.

支付宝(Zhīfùbǎo 즈푸바오) & 微信(Wēixìn 웨이씬)

최근 중국에선 상점이나 식당에서 계산을 할 때 ‘현금인가, 카드인가?’가 아닌 ‘즈푸바오인가, 웨이씬인가?’라고 질문을 할 것입니다. ‘즈푸바오(支付宝 Zhīfùbǎo)’와 ‘웨이씬(微信 Wēixìn)’은 중국에서 가장 많이 쓰는 모바일 결제 수단으로, 그만큼 전자결제가 보편화되었음을 의미합니다. 심지어 전통시장에서 야채 하나를 사더라도 스마트폰 QR코드만 스캔하면 결제가 됩니다. 스마트폰으로 돈을 주고받다 보니 예전 같으면 100위안짜리 지폐(한화 약 17,000원)를 쉽게 꺼내지 못했던 사람들도 의식 없이 큰 돈을 쓰게 되었는데요. 이처럼 ‘소비’는 중국경제를 활성화하는 거대한 축이 되었고, 이로 인해 중국은 세계에서 가장 매력적인 시장으로 급부상했습니다.

Day 06

Today's Mission!

중국어의 형용사를 활용하여
연예인의 외모를 묘사할 수 있다!

'i-' 운모

06-01

* 녹음을 따라 1성부터 4성까지 순서대로 읽어 보세요.

운모 / 성모	i	ia	ie	iao	ian	iou	in	iang	ing	iong
1성 (5→5)	ī	iā	iē	iāo	iān	iōu	īn	iāng	īng	iōng
2성 (3→5)	í	iá	ié	iáo	ián	ióu	ín	iáng	íng	ióng
3성 (2→1→4)	ǐ	iǎ	iě	iǎo	iǎn	iǒu	ǐn	iǎng	ǐng	iǒng
4성 (5→1)	ì	ià	iè	iào	iàn	iòu	ìn	iàng	ìng	iòng

» 이 과에서는 'i'로 시작하는 운모를 연습하겠습니다.

- 이 중 'ing' 발음은 한국인 학습자에게 어려운 발음이니 주의하세요. 녹음을 잘 들어보면 'ing'은 '잉'이 아니라 '이~엉'으로 들릴 것이며 반드시 이렇게 발음해야 합니다.

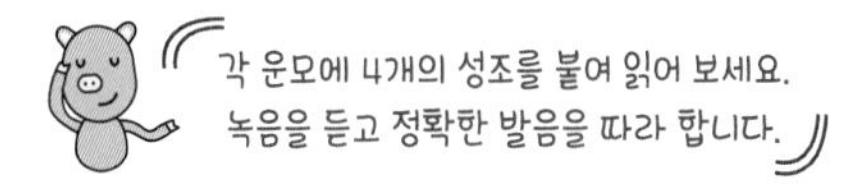

발음 – 연습

성모 + 'i-' 운모 연습 1

06-02

* 성모와 운모의 결합표를 보고, 녹음을 따라 순서대로 읽어 보세요.

운모 / 성모	i	ia	ie	iao	ian	i(o)u	in	iang	ing	iong
없음	yi	ya	ye	yao	yan	you	yin	yang	ying	yong
b	bi		bie	biao	bian		bin		bing	
p	pi		pie	piao	pian		pin		ping	
m	mi		mie	miao	mian	*miu	min		ming	

» 'i-' 운모와 성모 'b/p/m/f'가 결합된 발음을 연습하겠습니다.

- 'i'로 시작하는 운모가 앞에 성모 없이 단독으로 쓰이면 'i'를 'y'로 바꾸어 표기합니다. 즉 'i'가 단독으로 사용될 경우 'i' 앞에 성모가 없으면 'yi'로 표기됩니다.
- 'iou' 앞에 성모가 오면 'o'가 생략되어 'miu'와 같이 표기됩니다. 그러나 발음할 때는 'o'를 살려서 발음해야 합니다. 성조 표시는 'i'가 아닌 'u' 위에 합니다.

참고 성조 표시의 우선순위가 같은 'i / u'는 뒤에 오는 운모에 성조를 표시합니다.

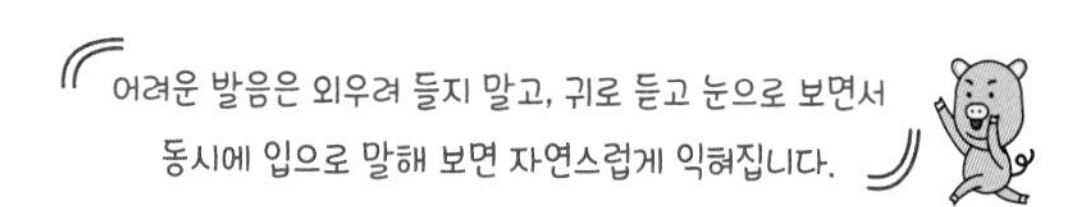

발음 - 연습

성모+'i-' 운모 연습 2

* 성모와 운모의 결합표를 보고, 녹음을 따라 순서대로 읽어 보세요.

운모 / 성모	i	ia	ie	iao	ian	i(o)u	in	iang	ing
d	di		die	diao	dian	diu			ding
t	ti		tie	tiao	tian				ting
n	ni		nie	niao	nian	niu	nin	niang	ning
l	li	lia	lie	liao	lian	liu	lin	liang	ling

» 'i-' 운모와 성모 'd / t / n / l'가 결합된 발음을 연습하겠습니다.

- 앞에 설명했던 것처럼 'iou' 앞에 성모가 오면 'o'가 생략되어 'diu / niu / liu'와 같이 표기됩니다. 그러나 발음할 때는 'o'를 살려서 발음합니다. 성조 표시는 'i'가 아닌 'u' 위에 합니다.

참고 성조 표시의 우선순위가 같은 'i / u'는 뒤에 오는 운모에 성조를 표시합니다.

명사

06-04

* 성조의 높이를 보고, 녹음을 따라 아래 단어를 읽어 보세요.

咖啡	啤酒	米饭	面条	钱包	书
kāfēi	píjiǔ	mǐfàn	miàntiáo	qiánbāo	shū
커피	맥주	쌀밥	국수	지갑	책

» 상용 명사 중 'i-' 운모를 연습할 수 있는 명사들을 읽어 보세요.

- 지금까지 공부한 단어가 참 많은데요, 중국어의 조어법(构词法)을 이해한다면 한층 더 재미있을 거예요.

1 한자의 조합 – 한자 각각의 의미를 알아야 전체 단어의 뜻을 이해할 수 있음

예 米饭 : 米(쌀) + 饭(밥) = 米饭(쌀밥) / 钱包 : 钱(돈) + 包(가방) = 钱包(지갑)

2 외래어의 음역 + 한자의 결합 – 이런 단어는 적은 편

예 啤酒 : 啤('beer'의 발음) + 酒(술) = 啤酒(맥주) / 烧酒 : 烧('소'의 발음) + 酒(술) = 烧酒(소주)

3 완전히 음역한 단어 – 한국어에서보다 많지 않으며 한자로만 발음해야 해서 들어서 내용을 알기가 어려움

예 咖啡 : Coffee의 음역

양사

* 성조의 높이를 보고, 녹음을 따라 아래 단어를 읽어 보세요.

杯	瓶	碗	本	个
bēi	píng	wǎn	běn	gè
잔	병	그릇	권	개

» 앞서 배운 명사와 함께 쓰이는 양사입니다. 가장 많이 쓰이는 양사이기도 하지요.

» 양사란 명사를 세는 단위로, 중국어에서는 명사 앞에 반드시 그에 상응하는 양사를 붙여야 합니다!

» 앞에서 배운 명사와 그에 상응하는 양사를 찾아 연결해 보세요. 한국어 양사와 비슷하죠?
상대적으로 양사의 종류가 많지 않은 영어권 학습자에 비해 여러분들은 훨씬 더 쉽게 양사를 익힐 수 있습니다.

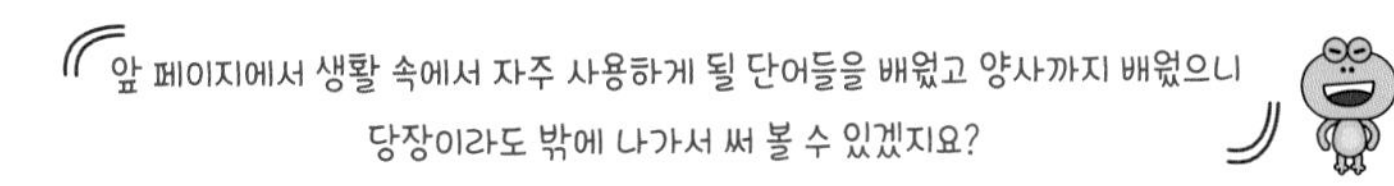

수량 표현의 어순

중국어 수사 + 양사 + 명사

한국어 명사 + 수사 + 양사

» 중국어의 수량 표현 어순은 **[수사 + 양사 + 명사]** 순으로 한국어와 다릅니다.

» 한국어에서는 종종 양사가 생략되기도 하지만 중국어에서는 반드시 양사를 사용해야 합니다.
모든 명사는 그에 상응하는 양사를 가지고 있습니다. 명사를 공부할 때 양사를 함께 익히는 것이 좋습니다.

발음

'一'의 성조 변화 1

06-06

1 一(yī) + 1, 2, 3성 ➡ 一(yì) + 1, 2, 3성

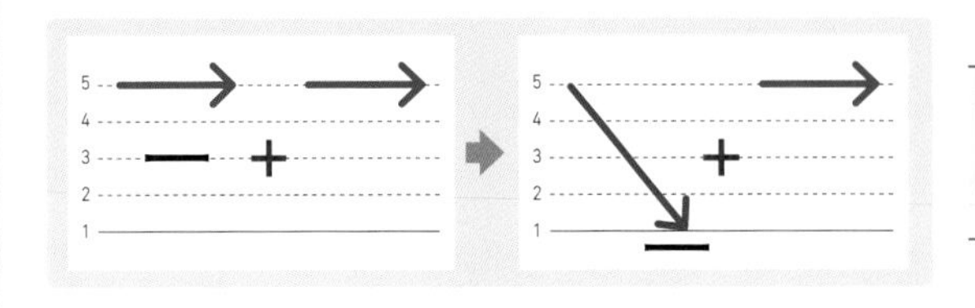

一杯咖啡	yì bēi kāfēi	커피 한 잔

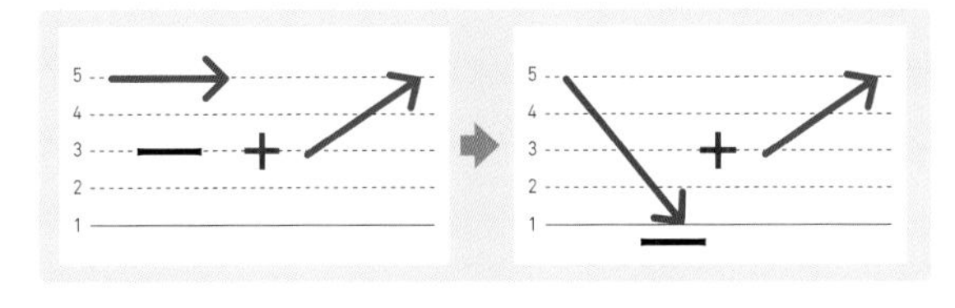

一瓶啤酒	yì píng píjiǔ	맥주 한 병

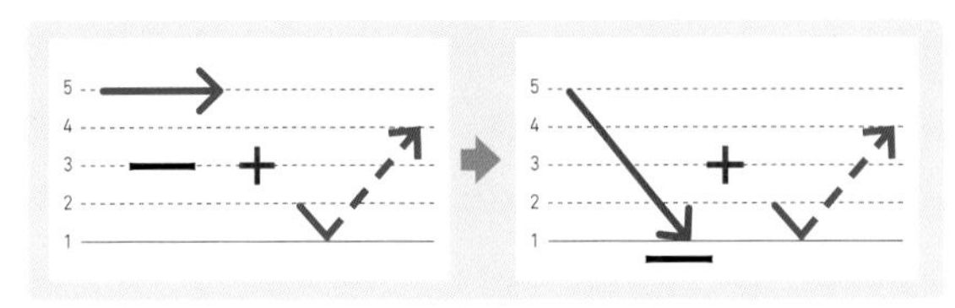

一碗米饭	yì wǎn mǐfàn	쌀밥 한 그릇
一本书	yì běn shū	책 한 권

» '一 yī'의 성조는 원래 1성이지만, 뒤에 오는 단어의 성조에 따라 성조가 변합니다.

- 1, 2, 3성 앞에서는 '一 yī'가 4성으로 바뀌니 발음할 때 유의해야 합니다.
- 단독으로 쓰이거나 단어 맨 끝에서는 원래 성조로 발음됩니다.

'一'의 성조 변화에 주의하며 녹음을 따라 읽어 보세요.
짝을 이루는 명사와 양사를 함께 기억해두는 것이 좋습니다.

'一'의 성조 변화 2

06-07

2 一(yī) + 4성 ➡ 一(yí) + 4성

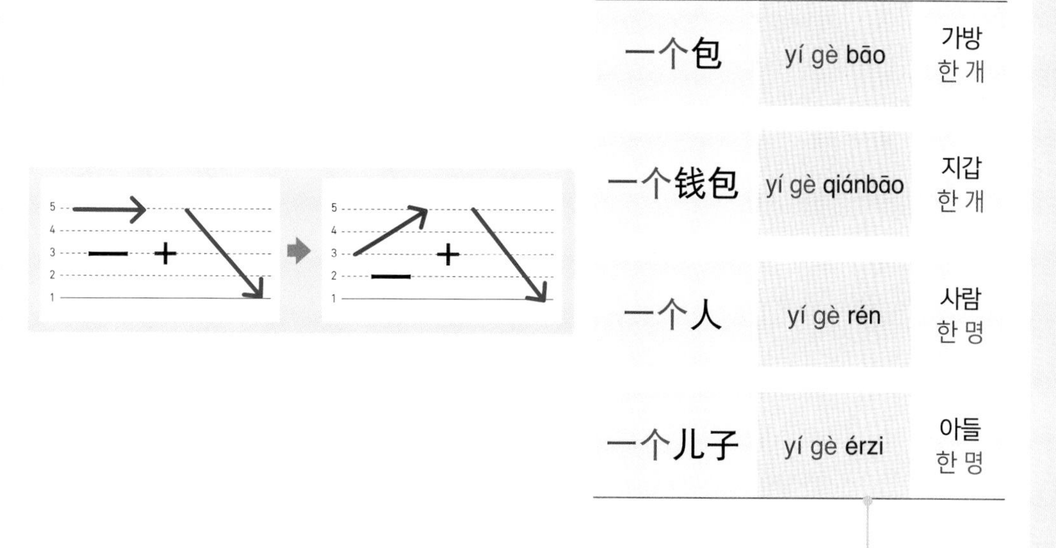

一个包	yí gè bāo	가방 한 개
一个钱包	yí gè qiánbāo	지갑 한 개
一个人	yí gè rén	사람 한 명
一个儿子	yí gè érzi	아들 한 명

» '一 yī'의 성조는 원래 1성이지만, 뒤에 오는 단어의 성조에 따라 성조가 변한다고 배웠습니다.

» '一 yī'는 4성 앞에서 2성으로 바뀝니다. 발음할 때에 유의하세요.

- '个'는 중국어에서 사용도가 가장 높은 양사입니다. 한국어에서의 '개'와 다르게 사람이나 물건에 모두 사용 가능합니다.
- '个'는 원래 4성이지만 위에서와 같이 양사로 쓰일 때는 경성으로 읽기도 합니다.

'一'의 성조 변화에 주의하며 예시로 나온 명사와 짝을 맞춰 외워두세요.
여러 번 읽으면 규칙을 저절로 익히게 될 겁니다.

'一'의 성조 연습

06-08

성조가 변화함 ('First'의 의미가 없을 때)			'一'는 1성 그대로 발음함 ('First'의 의미가 있을 때)		
一杯	yì bēi	한 잔	第一杯	dì yī bēi	첫 잔
一瓶	yì píng	한 병	第一瓶	dì yī píng	첫 병
一碗	yì wǎn	한 그릇	第一碗	dì yī wǎn	첫 그릇
一本	yì běn	한 권	第一本	dì yī běn	첫 번째 책
一个	yí gè	한 개	第一个	dì yī gè	첫 번째

» '양(量)'이 아니라 차례를 나타내는 '서수(序數)'로 쓰일 때 '一 yī'는 원래 성조인 1성으로 발음해야 합니다.

» 양사 앞에서 수량으로 쓰인 왼쪽 '一 yī'는 성조가 변하지만, '첫 번째'라는 의미가 있는 오른쪽은 성조 변화 없이 1성으로 발음합니다.

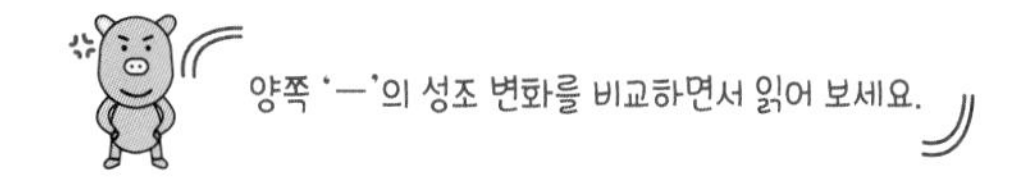

발음 – 연습

3성의 성조 변화

两杯咖啡	liǎng bēi kāfēi	커피 두 잔
两瓶啤酒	liǎng píng píjiǔ	맥주 두 병
两碗米饭	liǎng wǎn mǐfàn	(쌀)밥 두 그릇
两碗面条	liǎng wǎn miàntiáo	국수 두 그릇
两本书	liǎng běn shū	책 두 권
两个钱包	liǎng gè qiánbāo	지갑 두 개

» 중국어에서 '두 개'를 말할 때에는 '二 èr'이 아니라 '两 liǎng'을 씁니다. '2' 외의 나머지 숫자는 그대로 사용하면 됩니다. 한국어가 '한 개, 두 개, 세 개…'로 다 바뀌는 것과 비교하면 훨씬 쉽죠?

참고 '2'는 양사 앞에서 '二'이 아닌 '两'으로 바뀝니다.

주의 3성 성조 변화 규칙!
❶ 3성 + 1,2,4성 : 반3성+ 1,2,4성
❷ 3성 + 3성 : 2성 + 3성

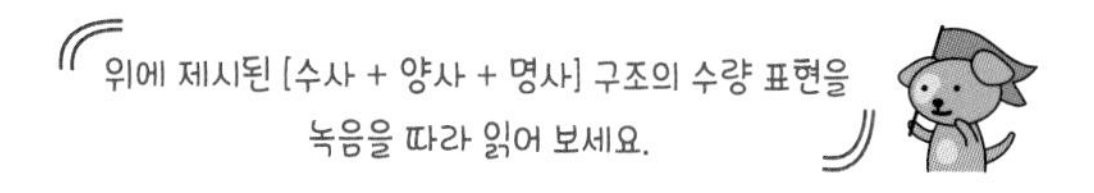

동사 '有'

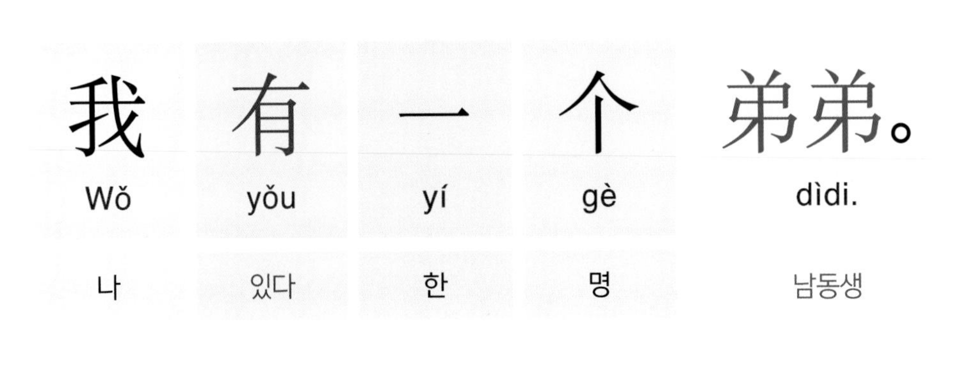

중국어 주어 + 有 + 수사 + 양사 + 명사

한국어 주어 + 명사 + 수사 + 양사 + 있다

» 중국어에서 매우 자주 보이는 '有'자 문장을 학습하면서 'iou' 발음도 연습해 보세요.

» '有'는 '가지고 있다[소유]', '~이 있다[존재]'라는 뜻의 동사로, 활용도가 매우 높은 동사 중 하나입니다.

» 또한 여기서 짚어야 할 것! 'iou' 발음은 앞에 성모가 없을 때 병음이 'you'로 변한다는 규칙, 앞에서 배웠던 것 기억나지요? 그 기억을 살려 발음해 보세요!

- 친족 관련 명사로는 '哥哥 gēge(형/오빠)', '姐姐 jiějie(누나/언니)', '弟弟 dìdi(남동생)', '妹妹 mèimei(여동생)', '儿子 érzi(아들)', '女儿 nǚ'er(딸)' 등이 있으니 바꿔가면서 연습해 보세요!

위의 설명을 보면 중국어와 한국어가 완전히 다른 것을 볼 수 있지요?
그렇다고 너무 긴장하지는 마세요! 숙련되면 자연스럽게 이야기하게 될 수 있으니까요!

문법 – 연습

동사 '有'와 수량사로 문장 만들기

06-10

» 앞에서 공부한 단어를 활용해서 문장을 만들어 보세요.
또한 자신의 상황에 맞게 숫자와 명사를 바꾸어 말할 수 있습니다.

- 중국어도 한국어와 같이 대상이 사람이 될 수도 있고 사물이 될 수도 있습니다.

동사 '有'의 부정 '没有'

중국어 주어 + 没有 + 명사

한국어 주어 + 명사 + 없다

» 동사 '有'의 부정에 대해서 공부해 보세요.

- '有'의 부정은 '没 méi'를 넣어 '没有 méiyǒu'로 표현합니다. '不有'라고 말하지 않도록 주의하세요!

  예 没有 (O) 不有 (X)

- '没有'로 묻거나 말할 때, 양사는 없어도 돼요! 이 부분은 많은 학습자들이 자주 틀리는 사항이니 주의하세요!

  예 我没有弟弟。 (O) 我没有一个弟弟。 (X)

문법 – 연습

'没有'와 명사로 문장 만들기 연습

06-11

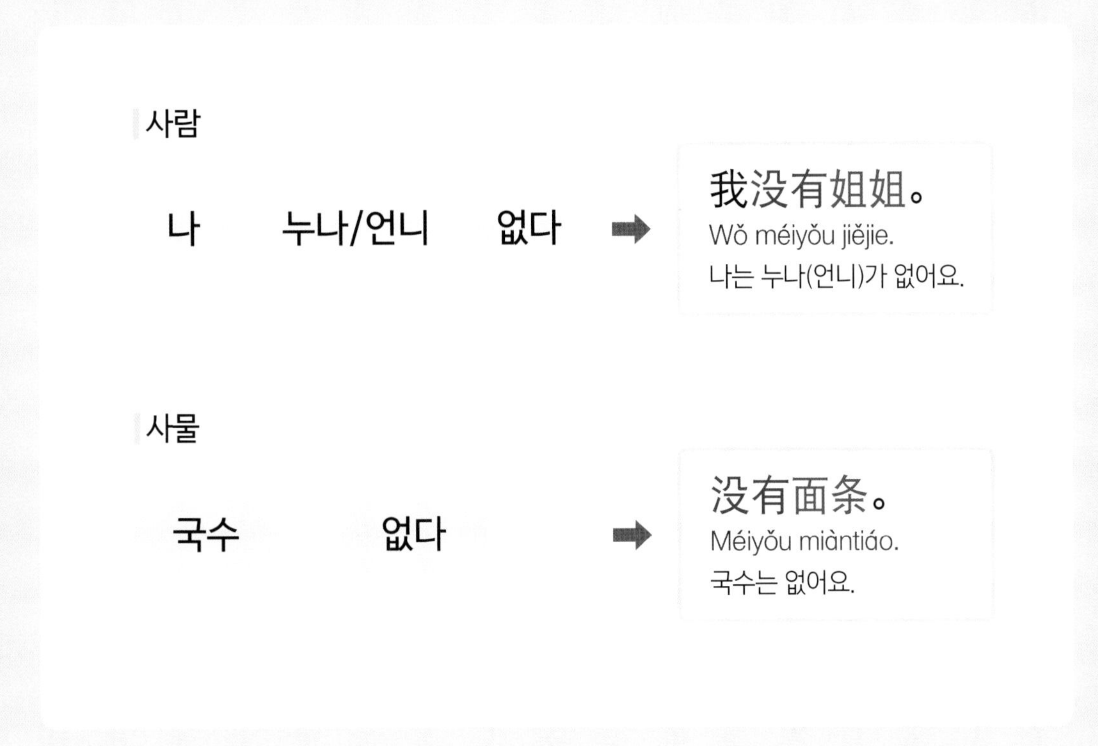

» 앞에서 공부한 단어를 활용해서 문장을 만들어 보세요.
또한 자신의 상황에 맞게 숫자와 명사를 바꾸어 말해 보세요.

주의 '没有'로 묻거나 말할 때 양사는 넣지 마세요!

'有'로 질문하기

'吗'의문문	你 Nǐ 당신	有 yǒu 있다	男朋友 nánpéngyou 남자친구	吗? ma? -아/어/여요?
정반의문문	你 Nǐ 당신	有没有 yǒu méiyǒu 있다, 없다	男朋友? nánpéngyou? 남자친구	

중국어 주어 + 有 + 명사 + 吗 ? / 주어 + 有没有 + 명사 ?

한국어 주어 + 명사 + 있어요? / 주어 + 명사 + 있어요, 없어요?

» '有' 역시 다른 동사와 마찬가지로 '吗'의문문과 정반의문문 두 가지로 질문할 수 있습니다. 제시된 예문을 읽어 보세요.

» 한국어의 뉘앙스 때문에 정반의문문 '있어요, 없어요?'의 어감이 강하게 느껴질 수 있습니다. 그러나 중국어에서는 전혀 그런 어감은 없고, 오히려 정반의문문을 더 많이 쓴다는 것을 알아두고 정반의문문 연습을 많이 해두세요.

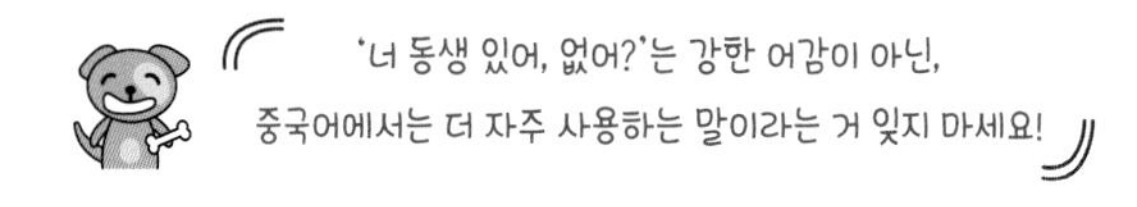

동사 '有'로 묻고 답하기 연습

06-12

Q	A
你有哥哥吗? Nǐ yǒu gēge ma? 당신은 형(오빠)이 있어요?	我有一个哥哥。 Wǒ yǒu yí gè gēge. 나는 형(오빠)이 한 명 있어요.
你有没有女朋友? Nǐ yǒu méiyǒu nǚpéngyou? 당신은 여자친구 있어요, 없어요?	 没有。 Méiyǒu. 없어요.
有没有面条? Yǒu méiyǒu miàntiáo? 국수 있어요, 없어요?	没有，有米饭。 Méiyǒu, yǒu mǐfàn. 없어요. 밥은 있어요.

» 동사 '有'로 한 질문에 답을 해 보세요.
위 문장을 읽으며 연습한 후, '有'와 '没有'를 활용해 다양하게 답하는 연습도 해 보세요.

- 대답의 형식은 다음과 같습니다.

– 긍정일 때
1. 동사 단독(有)
2. 有 + 명사
3. 有 + 수사 + 양사 + 명사
4. 주어 + 有 + 수사 + 양사 + 명사

– 부정일 때
1. 동사 단독(没有)
2. 没有 + 명사
3. 주어 + 没有 + 명사

주의 '没有'로 묻거나 말할 때 양사는 넣지 마세요!

부사 '也'

동사	我 Wǒ 나	也 yě 도	去。 qù. 가다	
형용사	汉语 Hànyǔ 중국어	也 yě 도	很 hěn 매우	难。 nán. 어렵다

중국어 주어 + 也 + 동사 · 심리동사 / 주어 + 也 + 정도부사 + 형용사

한국어 주어 + 도 + 동사 · 심리동사 / 주어 + 도 + (부사) + 형용사

» 자주 쓰는 부사인 '也'로 'ie' 발음을 연습해 보세요. 'ie' 발음은 앞에 성모가 없을 때 병음 표기가 'ye'로 변한다는 규칙 기억나지요? 그 기억을 살려 발음해 보세요.

» '也'는 '~도, 역시'라는 뜻의 부사로, 주어 뒤 서술어 앞에 위치합니다.

- 동일한 상황이나 의견을 표현할 때 한국인들은 대개 '나도'라고 말합니다. 이런 습관 때문에 중국어로 말할 때도 '我也。'라고 하기도 하는데요, 그러나 중국어는 '也' 뒤에 동사나 형용사를 붙이거나 또는 "我也是。(나도 그래.)"라고 해야 합니다. '我也'는 불완전한 표현입니다.

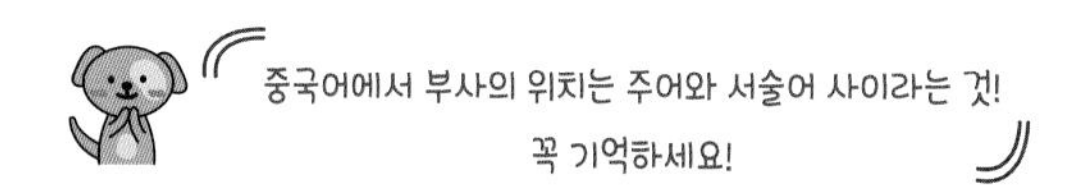

문법 - 연습

'也 + 동사' 문장 만들기 연습

06-13

	사람A	사람B	
긍정	我吃米饭。 Wǒ chī mǐfàn. 나는 (쌀)밥을 먹어요.	我也吃米饭。 Wǒ yě chī mǐfàn. 나도 (쌀)밥을 먹어요.	我也吃。 Wǒ yě chī. 나도 먹어요.
부정	我不吃面条。 Wǒ bù chī miàntiáo. 나는 국수 먹는 거 안 좋아해요.	我也不吃面条。 Wǒ yě bù chī miàntiáo. 나도 국수 먹는 거 안 좋아해요.	我也不吃。 Wǒ yě bù chī. 나도 안 좋아해요.

» '也 + 동사'를 연습해 보겠습니다.

» 위의 구조에서 보다시피 부사 '也'는 반드시 주어 뒤, 동사 앞에 와야 합니다.

- '也'가 동사와 함께 쓰일 때의 구조는 다음과 같습니다.
  1. 주어 + 也 + 동사 + 목적어
  2. 주어 + 也是
  3. 주어 + 也 + 동사

문법 – 연습

'也 + 형용사' 문장 만들기 연습

06-14

	사람A	사람B	
긍정	我很忙。 Wǒ hěn máng. 나는 매우 바빠요.	我也很忙。 Wǒ yě hěn máng. 나도 매우 바빠요.	我也是。 Wǒ yě shì. 나도 그래요.
부정	我不忙。 Wǒ bù máng. 나는 안 바빠요.	我也不忙。 Wǒ yě bù máng. 나도 안 바빠요.	我也是。 Wǒ yě shì. 나도 그래요.

» '也 + 형용사'를 연습해 보겠습니다.

» 한국어에서 긍정문이든 부정문이든 자신의 상황과 같을 때에 모두 '저도요'라고 할 수 있는 것처럼 중국어에서도 모두 '我也是'라고 대답할 수 있습니다.

- '也'가 형용사와 함께 쓰일 때의 구조는 다음과 같습니다.
  1. 주어 + 也 + 정도부사 + 형용사
  2. 주어 + 也是

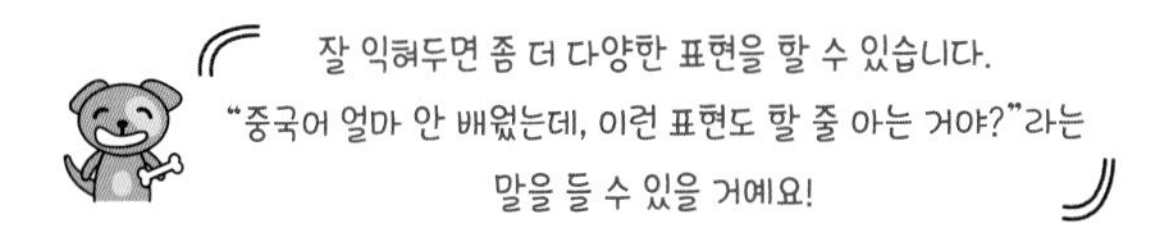

문법 – 연습

'也 + 심리동사' 문장 만들기 연습

06-15

	사람A		사람B	
긍정	我喜欢学汉语。 Wǒ xǐhuan xué Hànyǔ. 나는 중국어 배우는 거 좋아해요.	➡	我也喜欢学汉语。 Wǒ yě xǐhuan xué Hànyǔ. 나도 중국어 배우는 거 좋아해요.	我也喜欢。 Wǒ yě xǐhuan. 나도 좋아해요.
부정	我不喜欢吃面包。 Wǒ bù xǐhuan chī miànbāo. 나는 빵 먹는 거 안 좋아해요.	➡	我也不喜欢吃面包。 Wǒ yě bù xǐhuan chī miànbāo. 나도 빵 먹는 거 안 좋아해요.	我也不喜欢。 Wǒ yě bù xǐhuan. 나도 안 좋아해요.

» '也 + 심리동사'를 연습해 보겠습니다.

» 앞에서 '심리동사 + 명사'에 대해 Day 04에서 배웠지요?
심리동사를 활용해 '~하는 것을 좋아해요'라고 일종의 행위에 대해 이야기할 수도 있는데 이때 목적어 자리에 '동사 + 명사'가 올 수 있습니다. 그러나 한국어로는 '나는 빵 안 좋아해요'라고 말할 수 있지만, 중국어에서는 동작을 넣어 '나는 빵 먹는 것을 안 좋아해요(我不喜欢吃面包)'라고 말해야 합니다.

- '也'가 심리동사와 함께 쓰일 때의 구조는 다음과 같습니다.
  1. 주어 + 也 + 심리동사 + 목적어
  2. 주어 + 也 + 심리동사

Today's Mission!

06-16

중국어의 형용사를 활용하여 연예인의 외모를 묘사할 수 있다!

› 형용사로 정도를 나타내는 방법에 대해 이미 배웠습니다. 정리해 보면 다음과 같아요~

很 + 형용사	아주, 매우 + 형용사(하다)	不 + 형용사	안 + 형용사(하다)
特别 + 형용사	특별히 + 형용사(하다)	不太 + 형용사	별로 안 + 형용사(하다)
非常 + 형용사	굉장히 + 형용사(하다)	不 + 형용사1 + 也不 + 형용사2	A1하지도 않고 A2하지도 않다
太 + 형용사 + 了	너무 + 형용사(하다)	有点儿 + 형용사	조금 + 형용사(하다) [불만의 표현]

› 정도를 표현하는 방법을 정리해 보았으니 아래 외모를 나타내는 단어를 활용하여 외모를 묘사해 보세요!

身材 shēncái 몸, 몸매	胖 pàng 뚱뚱하다	瘦 shòu 마르다
个子 gèzi 키	高 gāo (키가) 크다	矮 ǎi (키가) 작다
鼻子 bízi 코	高 gāo 높다	低 dī 낮다
眼睛 yǎnjing 눈 / 嘴 zuǐ 입/ 脸 liǎn 얼굴	大 dà 크다	小 xiǎo 작다

Mission 중국인 친구에게 연예인의 외모를 설명해 보세요. 아래 내용을 잘 읽어 보고 지금까지 공부한 단어를 잘 생각하면서 이야기할 수 있으면 오늘도 미션 성공!

在韩国，这个明星非常有名。
Zài Hánguó, zhège míngxīng fēicháng yǒumíng.
한국에서 이 스타는 아주 유명해.

她身材很好，个子不高也不矮，不胖也不瘦。
Tā shēncái hěn hǎo, gèzi bù gāo yě bù ǎi, bú pàng yě bú shòu.
그녀는 몸매가 좋아. 키가 크지도 작지도 않고, 뚱뚱하지도 마르지도 않았어.

她的脸很小，眼睛很大，鼻子很高。
Tā de liǎn hěn xiǎo, yǎnjing hěn dà, bízi hěn gāo.
그녀는 얼굴이 작고, 눈이 크고, 코도 높지.

她的嘴不大也不小。
Tā de zuǐ bú dà yě bù xiǎo.
그녀의 입은 크지도 작지도 않아.

她太漂亮了！很多人喜欢她。
Tā tài piàoliang le! Hěn duō rén xǐhuan tā.
그녀는 너무 예뻐! 많은 사람들이 그녀를 좋아해.

단어

在韩国 zài Hánguó 한국에서
明星 míngxīng 연예인, 스타
有名 yǒumíng 유명하다
漂亮 piàoliang 예쁘다

› 중국어 공부를 시작한 지 얼마 되지 않았는데, 벌써 이런 문장을 읽을 수 있다니, 놀랍지 않으세요?^^ 이처럼 기초 문법 구조를 학습한 후, 기본 단어 몇 개만 외운다면 중국어 문장을 이해할 수 있습니다! 중국인들이 평소 자주 쓰는 단어도 800개 정도라고 해요. 〈10일 중국어〉와 함께하면 이 10일만에 100여 개 단어를 배울 수 있으니 대단하지요? 꾸준히 같이 해 봐요!

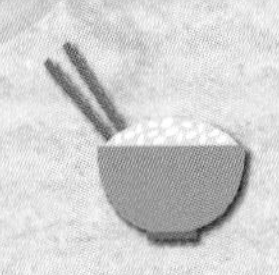

레알~ 중국 맛보기!

중국의 음식 문화

혼밥족은 한국에만 있다!

한국에서는 식당에서 혼자 밥 먹는 사람들을 가리켜 '혼밥족'이라고 하죠. 한국에선 집밖에서 혼자 밥 먹는 것이 흔하지 않아 생겨난 말입니다. 하지만 중국에는 '혼밥족'이라는 표현 자체가 없습니다. 중국 대도시에는 고향을 떠나와 혼자 생활하는 사람들이 많고, 식당에서 혼자 밥을 먹는 것이 지극히 자연스럽고 흔한 일이기 때문입니다. 중국에서 혼밥하는 모습은 일상이고 평범한 풍경입니다.

'퇴근 후 한 잔' 번개 모임은 No!

한국 사람들은 보통 퇴근 후 동료, 지인들과 식사를 하거나 가벼운 술자리를 가지는 경우가 많습니다. 공적인 회식도 잦은 편이죠. 반면 중국에서는 개인생활이 중시되는 편이라 퇴근 후의 모임이나 회식이 상대적으로 많지 않습니다. 중국에서의 회식은 신년, 송년이나 환송 등의 특별한 목적을 갖는 경우가 대부분으로 '퇴근 후 한 잔' 문화는 찾기 어렵습니다.

같은 음식인데 이름이 다르고 가격도 천차만별?!

중국 음식 문화의 또 다른 특징은 같은 음식이라도 음식점에 따라 가격 차이가 크고 같은 요리도 이름을 달리한다는 점입니다. 메뉴의 이름만 보고 무슨 음식인지를 확인할 수 없는 것들도 많기 때문에 메뉴에 사진이 있는 경우가 많습니다. 그러나 사진만으로 음식의 양과 재료를 모두 확인할 수 있는 것은 아니기 때문에 주문할 때 주의가 필요합니다. 특히 관광지에서는 양과 가격을 더 꼼꼼히 확인하는 것이 좋습니다.

Day 07

Today's Mission!

다양한 술어문을 활용하여
중국어로 일기를 쓸 수 있다!

'ü-' 운모

* 녹음을 따라 1성부터 4성까지 순서대로 읽어 보세요.

성조 \ 운모	ü	üe	üan	ün
1성	ǖ	üē	üān	ǖn
2성	ǘ	üé	üán	ǘn
3성	ǚ	üě	üǎn	ǚn
4성	ǜ	üè	üàn	ǜn

» 이 과에서는 'ü'로 시작하는 모음을 연습하겠습니다.

- 한국어에 없는 발음이라 한국인 학습자들이 많이 틀리는 발음입니다.
  '오'를 발음하는 입모양으로 '이' 소리를 냅니다. 입모양을 끝까지 유지하는 것이 중요합니다.

참고 특히 'üan'과 'ün' 앞에 성모가 있을 때 각각 'uan'과 'un'으로 변하는 것에 대해 궁금하시죠?
참고로 'ü'로 시작하는 운모는 성모 'n/l'과 'j/q/x'하고만 결합하는데, 그 중 'üan'과 'ün'은 성모 'j/q/x' 하고만 결합하며 이때 'ü'가 'u'로 변하기 때문입니다.

이 방법을 참고하여 녹음을 따라 읽으며 정확한 발음을 익히세요.
각 운모에 4개의 성조를 붙여 읽어 보세요.

발음 – 복습

성모 + 'ü-' 운모 연습

* 성모와 운모의 결합표를 보고, 녹음을 따라 순서대로 읽어 보세요.

성모 \ 운모	ü	üe	üan	ün
없음	yu	yue	yuan	yun
n	nü	nüe		
l	lü	lüe		

» 'ü'로 시작하는 운모와 성모 'n/l'의 결합 발음을 연습합니다.

• 'ü'로 시작하는 운모가 성모 없이 운모로만 음절을 이룰 때 'ü' 위의 두 점을 생략하고 앞에 'y'를 붙여 'yu-'로 표기됩니다.

참고 'ü'로 시작하는 운모는 위의 성모 'n/l' 이외에 성모 'j/q/x'하고만 결합합니다. 성모 'j/q/x'와의 결합 발음은 **Day 08** 156p에서 학습하세요!

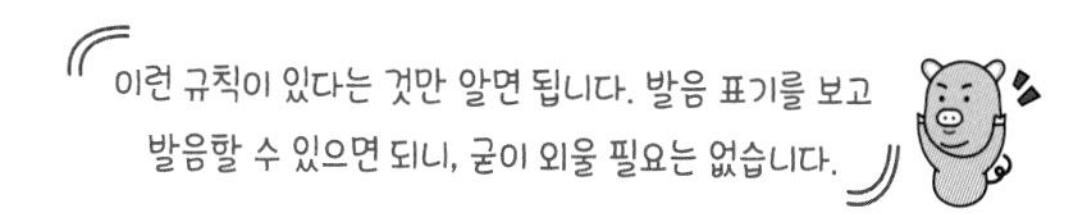

날짜 관련 단어

* 성조의 높이를 보고, 녹음을 따라 아래 단어를 읽어 보세요.

年	月	日	号	周	星期
nián	yuè	rì	hào	zhōu	xīngqī
년	월	일	일	주, 요일	주, 요일

» 날짜 관련 단어를 익히면서 발음과 성조를 연습합니다.

- '日 rì'와 '号 hào'는 뜻이 같지만 회화에서는 주로 '号'를 사용합니다.
- '周 zhōu'와 '星期 xīngqī'는 뜻이 동일하고 기능적인 차이도 없기 때문에 둘 중 하나를 골라 사용하면 됩니다.

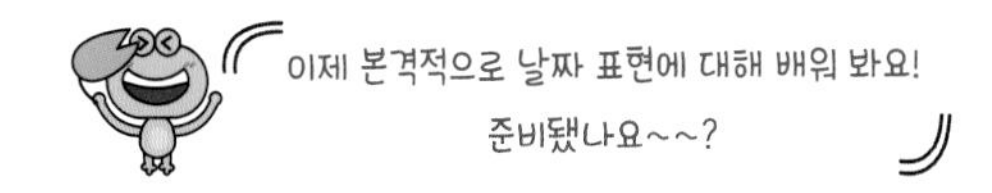

단어-연습

날짜 읽기 연습

年 nián	숫자+年	2000年，2019年，2025年
月 yuè	숫자+月	1月，2月，4月，10月，11月
日 / 号 rì / hào	숫자+日 숫자+号	1月1日，12月25日 1号，2号，4号，10号，30号
周 / 星期 zhōu / xīngqī	周 / 星期+숫자	周一 / 星期一……周六 / 星期六 * 일요일: 周日 / 星期日 / 星期天

» 중국어로 날짜 읽기 연습을 해 보세요.

- 연도와 월, 일의 표기법은 기본적으로 한국어와 동일합니다.
- 그러나 연도를 읽을 때는 각각의 숫자를 하나씩 발음해야 합니다. 예를 들어, '2019년'은 '二零一九年 èr líng yī jiǔ nián'으로 읽습니다. 한국어, 영어와 다른 점이니 유의하세요.
- 요일 표현은 일요일을 제외하고, '周'나 '星期' 뒤에 요일 순서대로 1~6까지 숫자를 넣으면 됩니다. 일요일은 '周日 zhōurì', '星期日 xīngqīrì', '星期天 xīngqītiān'입니다. 가장 많이 쓰는 것은 마지막 '星期天'이니 참고하세요!

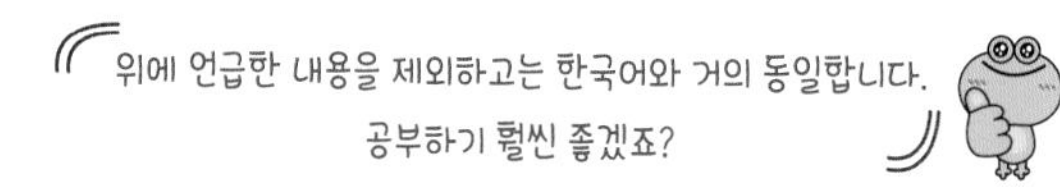

날짜 표현 1

＊날짜와 관련된 아래 단어를 읽어 보세요.

年 nián	前年 qiánnián 재작년	去年 qùnián 작년	今年 jīnnián 올해, 금년	明年 míngnián 내년	后年 hòunián 내후년
天 tiān	前天 qiántiān 그저께	昨天 zuótiān 어제	今天 jīntiān 오늘	明天 míngtiān 내일	后天 hòutiān 모레

» 제시된 날짜 관련 단어를 익히면서 발음과 성조를 연습해 보세요.

» '어제'와 '작년'을 제외하고 나머지는 모두 비슷하니 어렵지 않을 겁니다.

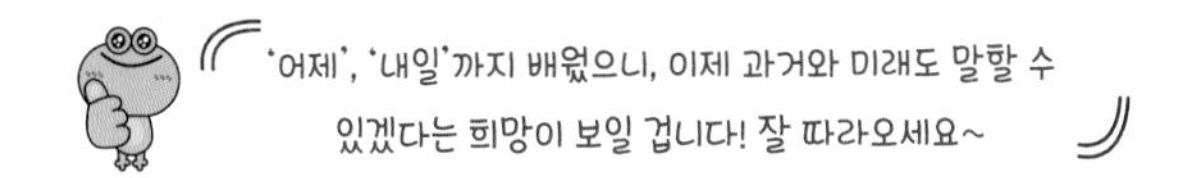

날짜 표현 2

07-06

* 날짜와 관련된 아래 단어를 읽어 보세요.

月 yuè	上个月 shàng ge yuè 지난달	这个月 zhège yuè 이번 달	下个月 xià ge yuè 다음 달
周 zhōu	上周 shàng zhōu	这周 zhè zhōu	下周 xià zhōu
星期 xīngqī	上(个)星期 shàng (ge) xīngqī 지난주	这(个)星期 zhè(ge) xīngqī 이번 주	下(个)星期 xià (ge) xīngqī 다음 주

» 날짜 표현을 익혀 봅니다.

» '月'와 '星期' 역시 표현 방법이 비슷합니다.

- '주'를 표현할 때 다음에 유의하세요.
  - '周'는 '上周, 这周, 下周'처럼 양사 '个'를 사용하지 않습니다.
  - '星期'는 양사 '个'가 있어도 되고 없어도 됩니다.

시간 관련 단어

* 성조의 높이를 보고, 녹음을 따라 아래 단어를 읽어 보세요.

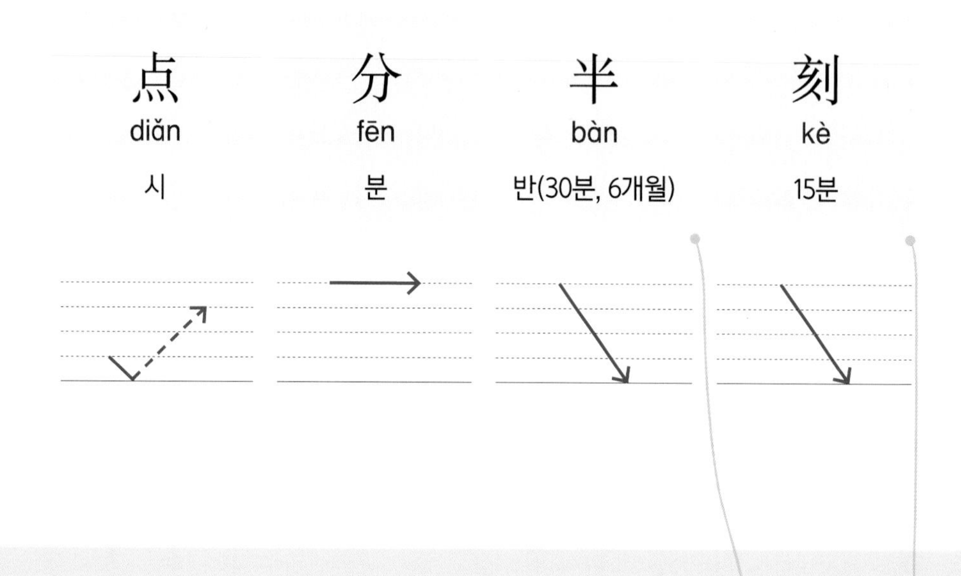

» 시간을 표현하는 단어를 익히면서 발음과 성조를 연습합니다.

- 중국어에서는 일반적으로 30분이나 6개월을 '반(半 bàn)'이라고 표현합니다.
  한국어에서 '2시 반', '1년 반'으로 말하는 것과 같습니다.
- '15분'을 표현할 때는 '刻 kè'를 많이 씁니다. 이는 한국어와 다른 특징이니 꼭 알아두세요.

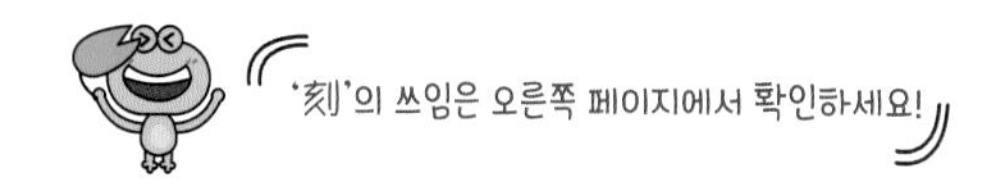

단어 – 연습

시간 읽기 연습

点 diǎn	숫자 + 点	1点，2点(*两点)，4点，10点
分 fēn	숫자 + 分	1点05分，2点10分，4点20分， 6点32分，9点40分，10点48分
半 bàn	숫자 + 点 + 半	4点半，10点半，11点半，12点半
刻 kè	一刻，三刻	1点一刻(1:15)，4点三刻(4:45)

» 시간을 말하는 방법은 한국어와 비슷합니다.

- 숫자 뒤에 '点(시)'과 '分(분)'을 붙입니다.
  다만, '2시'를 말할 때는 '二点 èr diǎn'이라고 하지 않고, '两点 liǎng diǎn'이라고 해야 합니다.
- '분'을 이야기할 때 '5분', '7분' 등은 앞에 숫자 '0'을 의미하는 '零 líng'을 붙인 후 숫자를 붙입니다.
  즉 '5분'은 '零五分 líng wǔ fēn', '7분'은 '零七分 líng qī fēn'이라고 표현합니다.
- '刻'를 사용해 '15분'은 '一刻 yí kè', '45분'은 '三刻 sān kè'로 표현합니다.

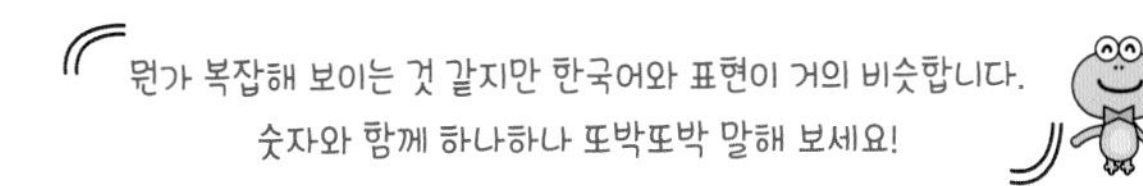

하루 시간의 표현

07-09

* 성조의 높이를 보고, 녹음을 따라 아래 단어를 읽어 보세요.

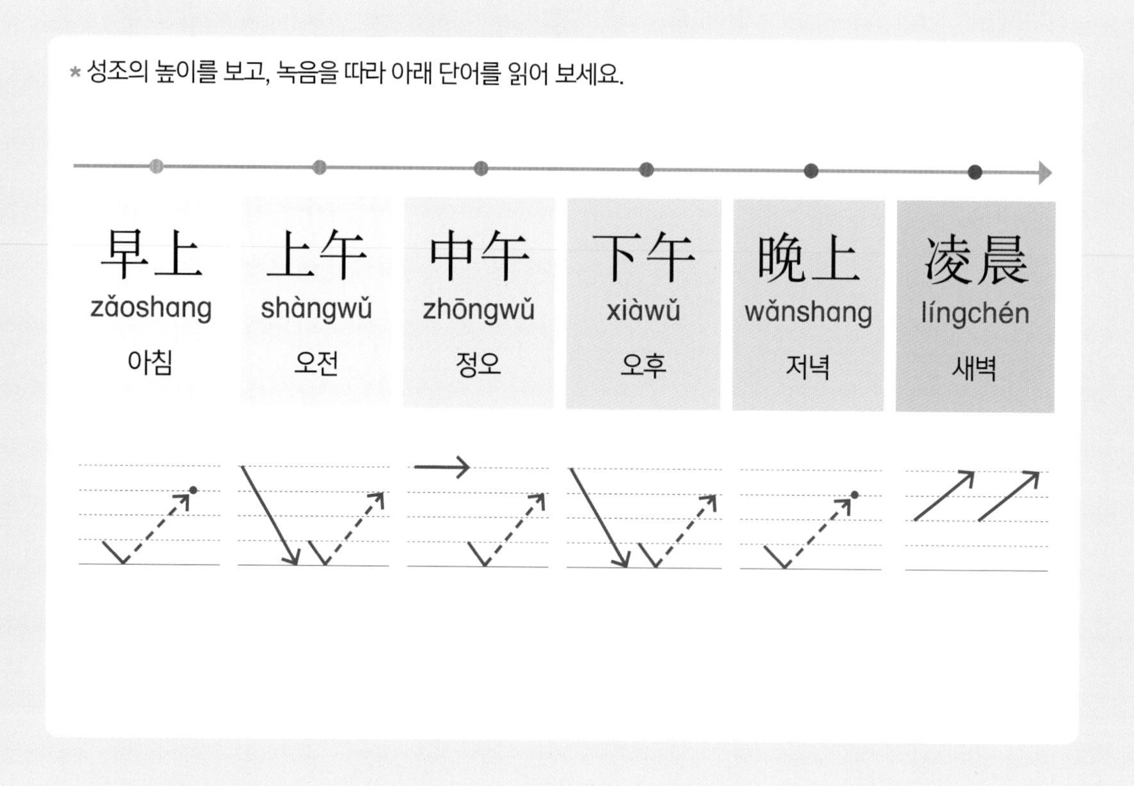

» 위의 단어는 하루 중의 '때'를 표현하는 단어입니다. 단어를 익히며 발음과 성조를 연습합니다.

- 한국어의 '아침, 점심, 저녁'은 경우에 따라 '아침을 먹다'와 같이 '식사'의 의미도 포함됩니다. 그러나 중국어의 '早上', '中午', '晚上'은 이렇게 활용되지 않습니다.

단어 - 정리

날짜&시간 표현 정리

* 다음 날짜와 시간을 중국어로 말해 보세요.

2020년 02월 01일(일) 2:10 am

二零二零年　二月　一号　星期天　凌晨　两点十分

2019년 04월 10일(월) 10:04 pm

二零一九年　四月　十号　星期一　晚上　十点零四分

1988년 09월 17일(토) 10:30 am

一九八八年　九月　十七日　星期六　上午　十点半

» 연도를 말할 때는 숫자를 하나씩! 일요일은? 2시는? 04분은? 30분은?
앞에서 배운 것을 잘 기억하여 중국어로 또박또박 말해 보세요!

주의 '2008年8月8日은 올림픽 개막일이다.'와 같이 공식적인 표현에는 '日'를 사용합니다.

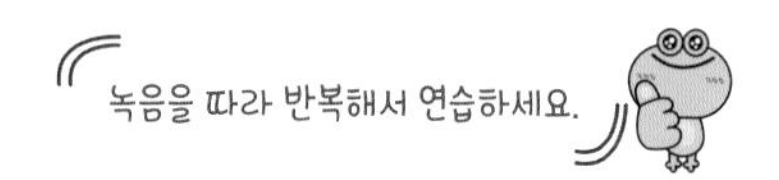

'是' 동사술어문

중국어 A + 是 + B

한국어 A는 + B + 이다

» '是 shì'의 뜻은 '~이다'로, 가장 기본적인 동사 중 하나입니다. 부정은 '不是 bú shì'이며, 문장 끝에 '吗 ma'를 붙여서 의문문을 만들 수 있고, 긍정은 '是', 부정은 '不是'로 답합니다.

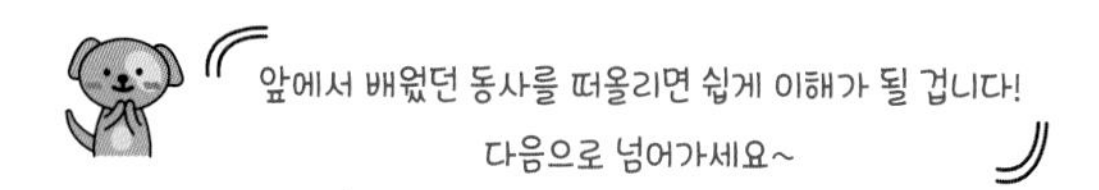

'是' 동사술어문으로 묻고 답하기

你	是	中国人	吗?
Nǐ	shì	Zhōngguórén	ma?
당신	이다	중국인	-아/어/여요?

중국어 A + 是 + B + 吗?

한국어 A + B + 이에요?

긍정의 대답

对，我是(中国人)。
Duì, wǒ shì (Zhōngguórén).
맞아요(네), 그래요.

부정의 대답

不是，我是韩国人。
Bú shì, wǒ shì Hánguórén.
아니에요, 저는 한국인이에요.

» '~입니까?'의 '是…吗?' 표현은 'A는 B이다. 맞아요?'의 추측성 질문에 가깝습니다.
따라서 긍정의 대답은 '对(맞아요)'로 해야 합니다.

주의 그러나 '是'로 답하는 경우가 많습니다. 이 대답은 마치 경찰이나 군인이 상급자의 명령에 '충성!'이라고 답하는 것처럼 들립니다. 이 점 반드시 주의하세요.

» 부정으로 답할 때는 한국어와 마찬가지로 '不是(아니에요)'이라고 하면 됩니다.

문법 – 연습

'是'로 묻고 답하기 연습

今天(是)星期四吗?
Jīntiān (shì) xīngqīsì ma?
오늘 목요일이에요?

긍정과 부정의 대답

对，今天(是)星期四。
Duì, jīntiān (shì) xīngqīsì.
맞아요, 오늘 목요일이에요.

不是，今天(是)星期三。
Bú shì, jīntiān (shì) xīngqīsān.
아니에요, 오늘은 수요일이에요.

明天(是)1月24号吗?
Míngtiān (shì) yī yuè èrshísì hào ma?
내일 1월 24일이에요?

对，明天(是)1月24号。
Duì, míngtiān (shì) yī yuè èrshísì hào.
맞아요, 내일은 1월 24일이에요.

不是，明天(是)1月25号。
Bú shì, míngtiān (shì) yī yuè èrshíwǔ hào.
아니에요, 내일은 1월 25일이에요.

» 위의 질문에 긍정과 부정 형태로 답해 보세요.
괄호 안의 '是'는 시간과 날짜 등을 말할 때 생략이 가능합니다. 이에 관한 구체적인 내용은 다음 페이지의 명사술어문에서 알아 보겠습니다.

참고 '4(四 sì)'와 '10(十 shí)'의 발음에 유의하세요.

주의 '一'의 성조 변화 규칙 기억나시죠? 뒤에 오는 한자의 성조가 무엇이든 간에 '第一'의 성조는 변함이 없다는 것 알아두세요!

명사술어문

今天　星期五。

Jīntiān　xīngqīwǔ.

오늘　금요일(이다)

중국어 주어 + (是) + 목적어(명사)

한국어 주어 + 목적어(명사) + 이다

» 일부 명사나 명사구, 수량사가 직접 술어로 쓰이는 문장을 '명사술어문'이라고 합니다.

» 중국어에서 시간, 날짜, 요일을 말할 때 보통 '是'를 사용하지 않습니다. 돈과 나이를 말할 때에도 종종 생략됩니다. 한국어 역시 대화 중에 '~이다'를 생략하기도 하는데, 이 현상과 비슷하다고 보면 됩니다.

명사술어문으로 묻고 답하기

중국어 주어 + 명사 + 吗?

한국어 주어 + 명사 + 이에요?

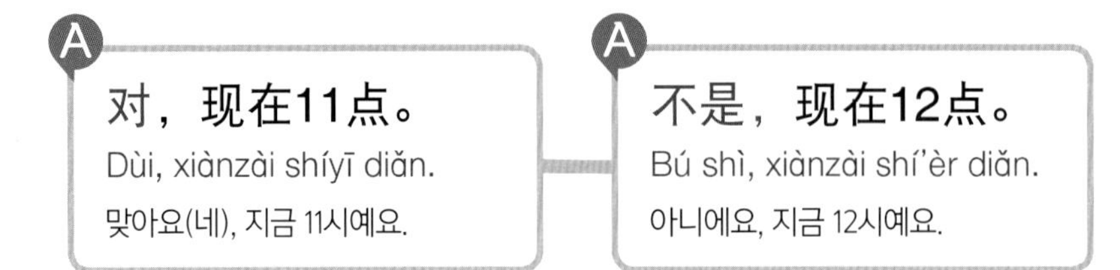

» 명사술어문의 의문문과 부정문을 만들어 봅시다.

- 명사술어문의 의문형식은 '是'동사술어문과 똑같이 '吗'의문문 또는 정반의문문 '是不是'로 표현할 수 있습니다.
- 시간, 날짜, 돈, 나이 등을 말할 때는 동사 '是'를 생략할 수 있습니다. 그러나 부정문에는 '不是'를 써야 합니다. '是' 없이 '不'만 쓰면 안 된다는 것! 꼭 기억하세요!

  예 今天不星期五。(✕)
  今天不是星期五。(○) 오늘은 금요일이 아니다.

문법 – 정리

명사술어문으로 묻고 답하기 연습

07-12

这个包100块吗？
Zhège bāo yìbǎi kuài ma?
이 가방은 100위안이에요?

A 긍정과 부정의 대답

对，这个包100块。
Duì, zhège bāo yìbǎi kuài.
맞아요, 이 가방은 100위안이에요.

不是，这个包200块。
Bú shì, zhège bāo liǎngbǎi kuài.
아니에요, 이 가방은 200위안이에요.

你今年22岁吗？
Nǐ jīnnián èrshí'èr suì ma?
당신은 올해 22살이에요?

对，我今年22岁。
Duì, wǒ jīnnián èrshí'èr suì.
맞아요, 저 올해 22살이에요.

不是，我今年21岁。
Bú shì, wǒ jīnnián èrshíyī suì.
아니에요, 저 올해 21살이에요.

» 명사술어문으로 묻고 답하기 연습을 해 보세요.
답할 때에는 긍정과 부정 다양한 상황으로 답해 보세요!

- 시간, 날짜, 돈, 나이 등을 말할 때는 명사술어문을 사용하여 말할 수 있는데, 즉 **[주어 + 명사]**만 있어도 문장이 됩니다. 참 쉽지요?
- 명사술어문의 부정은 반드시 '不是'를 써야 합니다.
- 명사술어문의 의문문은 동사 '是'를 쓰고 뒤에 '吗'를 붙이면 됩니다.
- 긍정의 답을 할 때 '是'가 아닌 '对'로 대답하는 것도 꼭 기억하세요!

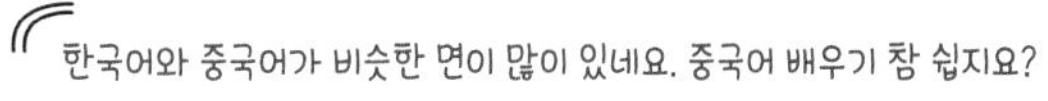

'越来越' 점점/갈수록

汉语	越来越	难。
Hànyǔ	yuèláiyuè	nán.
중국어 (공부)	점점	어렵다

중국어 주어 + 越来越 + 형용사

한국어 주어 + 점점/갈수록 + 형용사

» 한국인 학습자들이 가장 어려워하는 'ü' 발음을 연습해 봅시다.
'越来越'로 'yue' 발음을 연습해 보세요. 'üe' 앞에 성모가 없을 때에는 'yue'로 표기됩니다.

» '越来越'는 '점점 ~하다'라는 뜻으로 중국어에서도 자주 사용되는 표현입니다.

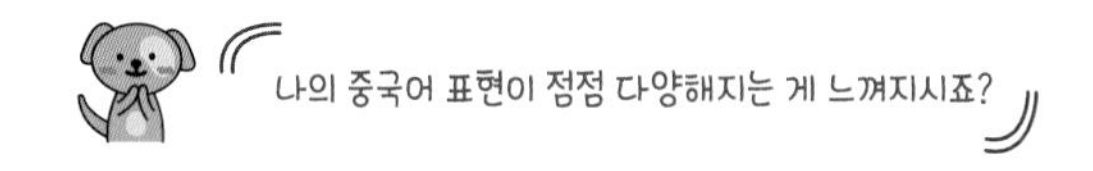

문법 – 연습

'越来越'로 문장 만들기 연습

07-13

* '越来越'와 형용사를 활용해 문장을 만들어 보세요.

서울의 집(값)이 갈수록 비싸진다. ➡ 首尔的房子越来越贵。
Shǒu'ěr de fángzi yuèláiyuè guì.

중국어 배우면 배울수록 재밌어. ➡ 学汉语越来越有意思。
Xué Hànyǔ yuèláiyuè yǒuyìsi.

너 점점 날씬해지고 예뻐지네!  你越来越瘦，越来越漂亮！
Nǐ yuèláiyuè shòu, yuèláiyuè piàoliang!

» '越来越'와 그동안 배운 형용사를 활용해 문장을 만들어 보세요.

» 한국어 문장을 우선 생각한 후 중국어로 만들어 보세요.
단순하게 형용사만 사용하는 것보다 '越来越'를 넣으면 표현이 더욱 풍부해집니다.

벌써 이렇게 다양한 중국어 표현을 스스로 말하게 되었어요!
기대 이상으로 잘 따라가는 스스로의 모습이 대견하고 자랑스럽지요?
이제 배운 내용을 활용하여 미션을 확실하게 성공해 보세요!

Today's Mission!

다양한 술어문을 활용하여 중국어로 일기를 쓸 수 있다!

› 지금까지 배운 술어문의 요점과 특징을 한눈에 보기 좋게 정리해 보았습니다.
어순을 중심으로 익혀두세요. 예문을 외우면 더 좋겠죠?

동사 술어문	주어 + 동사 + 목적어	我学汉语。 Wǒ xué Hànyǔ. 나는 중국어를 배운다(공부한다).
	주어 + 부사 + 喜欢 + 목적어 (심리동사)	我很喜欢我的汉语老师。 Wǒ hěn xǐhuan wǒ de Hànyǔ lǎoshī. 나는 나의 중국어 선생님을 좋아한다.
	'是'자문 : A是B	我的老师是中国人。 Wǒ de lǎoshī shì Zhōngguórén. 나의 선생님은 중국인이다.
	'有'자문 : A有B	我有汉语课。 Wǒ yǒu Hànyǔ kè. 나는 중국어 수업이 있다.
형용사 술어문	주어 + 很 + 형용사	我很累。 Wǒ hěn lèi. 나는 피곤하다.
	주어 + 非常 / 特别 + 형용사	我的老师特别好。 Wǒ de lǎoshī tèbié hǎo. 나의 중국어 선생님은 아주 좋다.
	주어 + 太 + 형용사 + 了	汉语太难了。 Hànyǔ tài nán le. 중국어는 너무 어렵다.
명사 술어문	주어 + 명사(서술어)	今天星期三。 Jīntiān xīngqīsān. 오늘은 수요일이다.

간단한 문장이라도 중국어로 한번 옮겨 보는 습관이 중요합니다.
그러다 보면 중국어로 일기도 쓸 수 있지 않을까요? 그렇다면 Day 07도 학습 끝! 미션 완료~!

2020년 1월 24일 수요일 2020年1月24日星期三

나는 매주 수요일에 중국어를 공부한다.

我每周三学习汉语。 ➡ 주어 + (시간부사) + 동사 + 목적어

Wǒ měi zhōusān xuéxí Hànyǔ.

오늘은 수요일이다. 저녁 6시에 중국어 수업이 있다.

今天星期三，晚上六点有汉语课。 ➡ 주어 + 명사술어, 시간 + 有 + 목적어

Jīntiān xīngqīsān, wǎnshang liù diǎn yǒu Hànyǔ kè.

나의 중국어 선생님은 좋다.

我的汉语老师很好。 ➡ 주어(A 的 B : A의 B) + 정도부사 + 형용사

Wǒ de Hànyǔ lǎoshī hěn hǎo.

그녀는 베이징 사람이다.

她是北京人。 ➡ A是B

Tā shì Běijīngrén.

키가 크고 눈이 크다.

个子很高，眼睛很大。 ➡ 주어 + 정도부사 + 형용사

Gèzi hěn gāo, yǎnjing hěn dà.

중국어는 조금 어렵지만 재미있다.

汉语有点儿难，但是很有意思。 ➡ 주어 + 정도부사 + 형용사 , 但是…(그러나)

Hànyǔ yǒudiǎnr nán, dànshì hěn yǒuyìsi.

나는 중국어 공부하는 것이 점점 더 좋아진다.

我越来越喜欢学汉语。 ➡ 주어 + 정도부사 + 심리동사 + 목적어(동사 + 목적어)

Wǒ yuèláiyuè xǐhuan xué Hànyǔ.

레알~ 중국 맛보기!

한국어와 다른 중국어의 시간 개념

差不多(chàbuduō 차부뚜오)

중국어나 중국문화를 공부하다 보면 중국인들은 확정적인 표현을 잘 사용하지 않는다는 것을 느낄 수 있습니다. 한국어에서는 '시간이 됐다, 다 먹었다'와 같이 상황을 확실하게 표현하지만, 중국어로는 '거의 된 것 같다, 거의 다 먹은 것 같다'라고 합니다. 이처럼 다소 모호한 상황 표현을 중국어로는 '差不多(chàbuduō 차부뚜오)'라고 합니다. 직역하면 '차이(差)'가 '크지 않다(不多)'인데요. '좋다, 싫다'를 확실하게 표현하지 않고 '차부뚜오'라며 에둘러 답하는 경우가 많습니다.

马上(mǎshàng 마샹)

'바로, 금방'이라는 뜻으로 직역하면 '말의 위'입니다. '마샹(马上 mǎshàng)'이라는 말은 양귀비의 일화에서 유래되었습니다. 양귀비가 먼 남쪽의 과일인 '荔枝(lìzhī 리쯔)'를 매우 좋아하여 매번 말에 실어 조달해야 했습니다. 리쯔를 기다리던 양귀비가 '어디쯤 왔냐'라고 물으면 신하들이 '말 위(马上)에 있으니 곧 옵니다'라는 의미에서 '마샹'이라고 답한 것이 그 시작이 되었습니다. 사실 '마샹'은 '금방'이라는 뜻이지만 정확히 얼마만큼인지 가늠이 되지 않습니다. 몇 분일 수도, 몇 시간일 수도, 심지어 며칠, 몇 달일 수도 있습니다. 그러니 중요한 사안에 대한 답변으로 '마샹'이란 말을 들었을 땐 상대가 말하는 기한을 구체적으로 잘 따져 보고 판단해야 합니다.

Day 08

— Today's Mission! —

각종 의문문을 활용하여
중국인 친구와 약속을 잡을 수 있다!

성모 j/q/x+운모 1

* 성모와 운모의 결합표를 보고, 녹음을 따라 순서대로 읽어 보세요.

성모 \ 운모	i	ia	ie	iao	i(o)u	in
j	ji	jia	jie	jiao	jiu	jin
q	qi	qia	qie	qiao	qiu	qin
x	xi	xia	xie	xiao	xiu	xin

» 지금까지 운모를 익히고, 비교적 간단한 성모와 결합한 발음을 연습했습니다. 이번 과부터는 조금 더 어려운 성모를 익히고, 운모와 결합된 발음을 연습합니다.

- 한국인 학습자 중에는 'ji/qi/xi'를 '지/치/씨'로 표기하여 발음하는 경우가 있습니다. 그러나 앞서 강조했듯이 중국어 운모의 발음은 한국어와 달라 더 안쪽에서 소리를 내야 합니다. 그런데 이렇게 한국어 표기로 읽게 되면 잘못된 발음 습관을 가질 수 있고, 그 습관이 굳어지면 고치기 힘들 수 있습니다.

* 운모 'iou' 앞에 성모가 오면 'o'가 생략되어 표기됩니다. 그러나 발음할 때는 'o'를 살려 발음해야 합니다.
예 지우, 치우(×) → 지오우, 치오우(○)

성모 j/q/x+운모 2

* 성모와 운모의 결합표를 보고, 녹음을 따라 순서대로 읽어 보세요.

운모 / 성모	ian	iang	ing	iong
j	jian	jiang	jing	jiong
q	qian	qiang	qing	qiong
x	xian	xiang	xing	xiong

» 앞서 강조했듯이 여기서는 '-ing' 발음에 유의하세요. '잉'이 아니라 '이엉'에 가깝게 발음합니다.

녹음을 따라 읽으며 정확한 발음을 연습해 주세요. 처음에는 다소 지루할 수 있으나,
'발음 좋다'는 칭찬을 들을 수 있다고 상상해 보세요. 기대되지 않나요?

성모 j/q/x+운모 3

* 성모와 운모의 결합표를 보고, 녹음을 따라 순서대로 읽어 보세요.

운모 / 성모	ü	üe	üan	ün
j	ju	jue	juan	jun
q	qu	que	quan	qun
x	xu	xue	xuan	xun

» 성모 'j / q / x'와 'ü'로 시작하는 운모의 결합 발음입니다.

- 성모 'j/q/x'와 결합되면 'ü' 위의 두 점을 생략하고 'ju/qu/xu'로 표기합니다.
  그러나 실제 발음은 'ü'로 해야 합니다. 이 점 유의하세요!

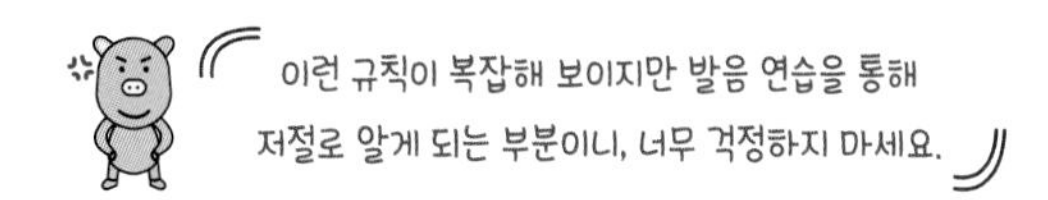

'上' & '下' 1

* 녹음을 따라 순서대로 읽어 보세요.

» 앞서 배웠던 '上 / 下'가 들어가는 날짜 관련 단어입니다. 이때 '上'과 '下'는 각각 '지난'과 '다음'을 뜻합니다.

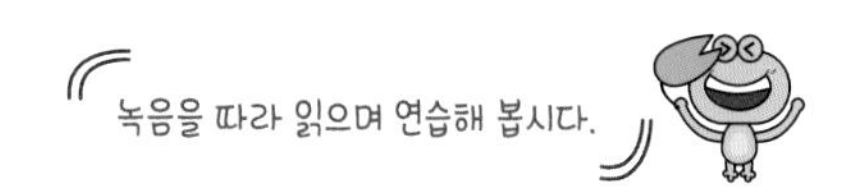

'上' & '下' 2

08-05

* 성조의 높이를 보고, 녹음을 따라 아래 단어를 읽어 보세요.

上车	下车	上飞机	下飞机
shàngchē	xiàchē	shàng fēijī	xià fēijī
차를 타다	차에서 내리다	비행기를 타다	비행기에서 내리다

» '上/下'는 날짜나 시간 단어 외에 위와 같은 단어에도 쓰입니다.

» 이때 '上/下'는 각각 '오르다(上去 shàngqù)'와 '내리다(下来 xiàlái)'의 뜻으로 쓰이는데, 주로 교통수단을 표현할 때 '타다'와 '내리다'의 의미로 사용됩니다.

'上' & '下' 3

08-06

* 성조의 높이를 보고, 녹음을 따라 아래 단어를 읽어 보세요.

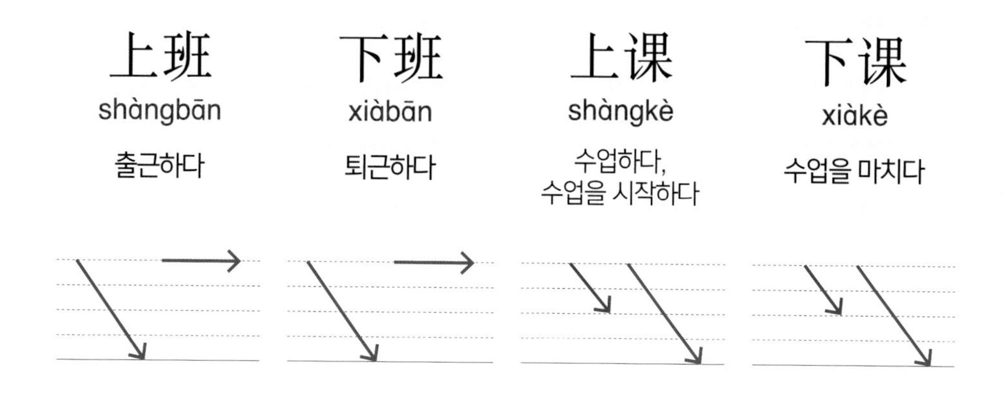

» '上'과 '下'는 '시작'과 '끝'이라는 상반되는 뜻을 가지고 있어서 주로 반의어로 활용됩니다. 즉 '시작'을 나타내는 '上'은 '上班', '上课'로, '끝'을 의미하는 '下'는 '下班', '下课'로 쓰입니다.

주의 4성이 이어서 나오면 발음의 편의상 앞의 4성은 '반4성'으로 읽어야 하는데, 즉 일반 4성처럼 끝까지 내리지 않고 중간까지만 내린 후 뒤의 4성을 읽어주면 됩니다!

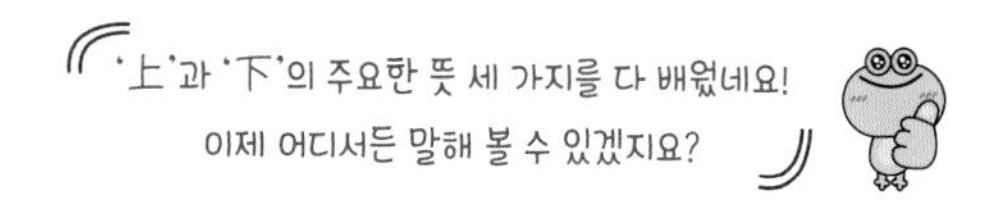

문법

'几'로 질문하기 (시간)

1 3성 + 1, 2, 4성 ➡ 반3성 + 1, 2, 4성

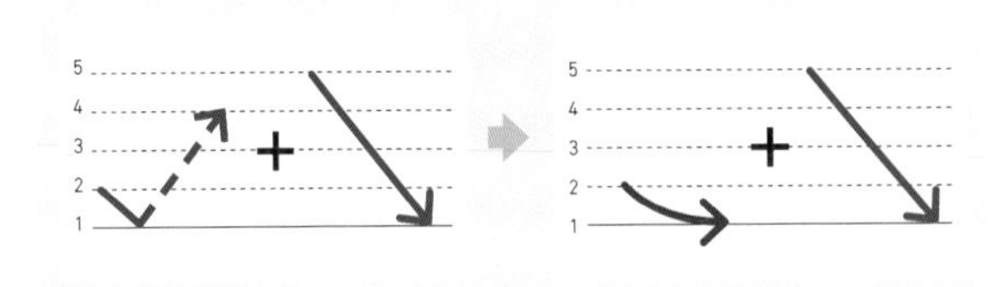

几月	jǐ yuè	몇 월
几号	jǐ hào	며칠

2 3성 + 3성 ➡ 2성 + 3성

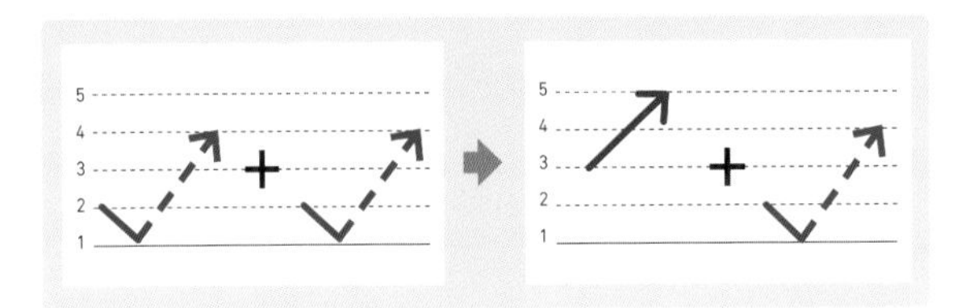

几点	jǐ diǎn	몇 시
几几年	jǐ jǐ nián	몇 년

» 의문사 '几 jǐ'를 사용해서 시간, 날짜, 요일, 연도를 질문할 수 있습니다.
'几'가 의문사이기 때문에 이때 '吗'는 붙이지 않습니다.

- 3성의 성조 변화를 복습해 봅시다.
  - 1, 2, 4성 앞에서 3성은 반3성으로 변합니다. (Day 04 73p 참고)
  - 3성이 연속되면 앞의 3성이 2성으로 변합니다. (Day 04 74p 참고)

새로운 것을 배우는 것도 중요하지만 배운 내용을
잘 복습하여 완전히 내 것으로 만드는 것도 매우 중요합니다!

문법 – 연습

'几'로 묻고 답하기 1 (시간)

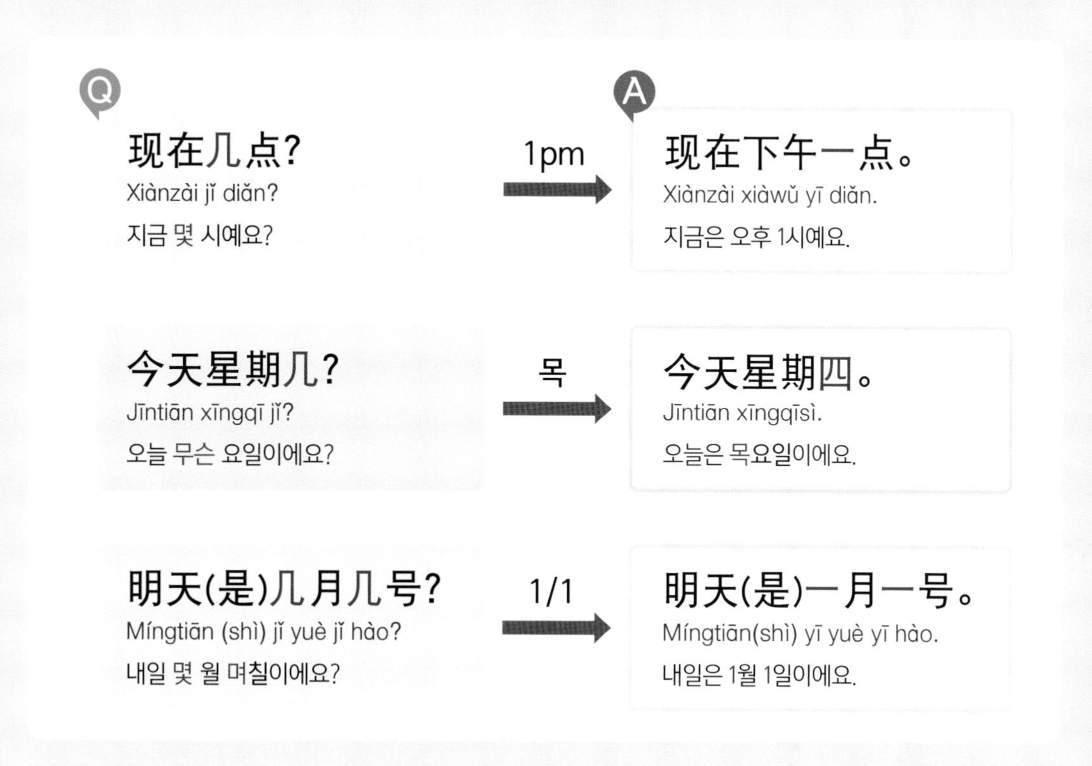

» 연습을 통해 지금까지 배운 내용을 확인해 봅시다.

» 먼저 한국어 뜻을 보고 중국어로 바꿔 보는 연습을 해 보세요.
의문사 '几' 부분만 원하는 숫자로 바꾸어서 대답하면 되니까 참 쉽죠?

녹음을 따라 반복해 읽으며 묻고 답하는 연습을 해 보세요.
다른 숫자를 넣어 보며 연습하면 도움이 되겠지요?

문법 – 연습

'几'로 묻고 답하기 2 (시간)

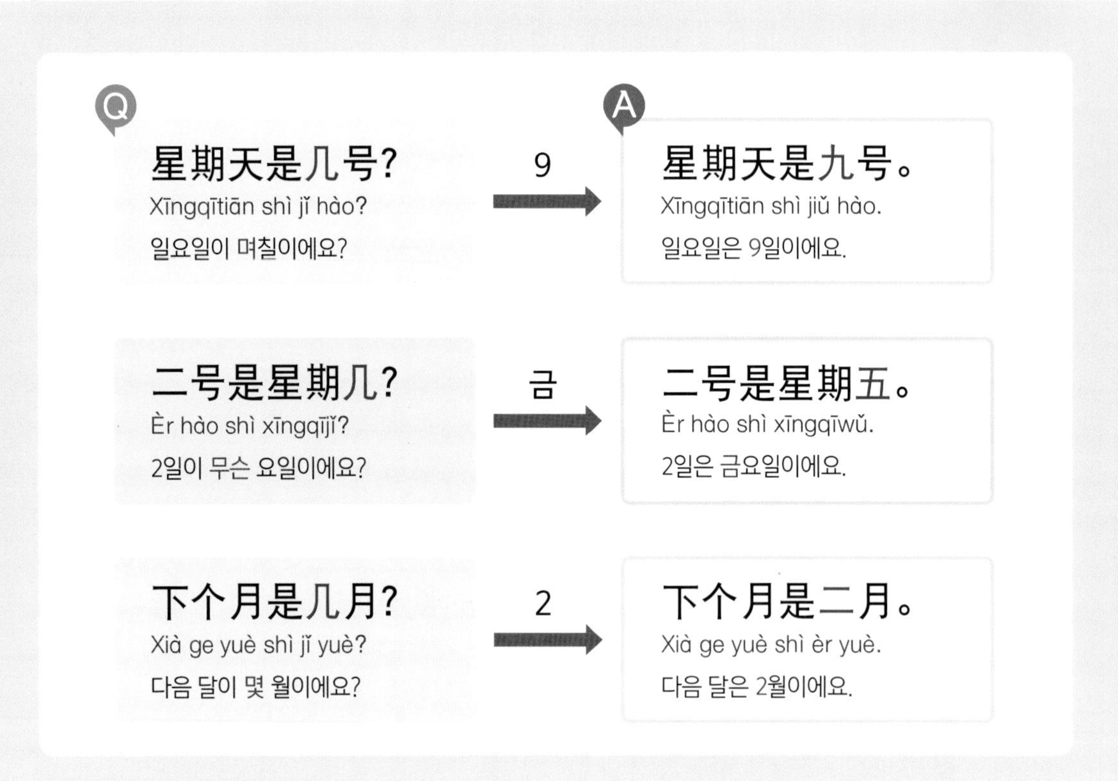

» 조금 더 어려운 문장에 도전해 볼까요?

조금 어려워 보이지만 앞에서 배웠듯이 '几' 부분에 제시된 숫자를 넣어서 대답하면 됩니다.

문법 – 연습

'几'로 묻고 답하기 3 (시간)

你星期几上课?
Nǐ xīngqī jǐ shàngkè?
당신은 무슨 요일에 수업해요?

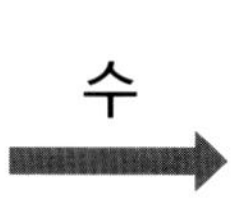

A
我星期三上课。
Wǒ xīngqīsān shàngkè.
나는 수요일에 수업해요.

你几点下课?
Nǐ jǐ diǎn xiàkè?
당신은 몇 시에 수업 끝나요?

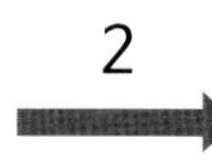

我两点下课。
Wǒ liǎng diǎn xiàkè.
나는 2시에 수업 끝나요.

你今天几点下班?
Nǐ jīntiān jǐ diǎn xiàbān?
당신은 오늘 몇 시에 퇴근해요?

我今天下午五点下班。
Wǒ jīntiān xiàwǔ wǔ diǎn xiàbān.
나는 오늘 오후 5시에 퇴근해요.

» 앞서 '几'를 이용하여 시간과 날짜를 묻고 답하는 연습을 했습니다.
이번에는 시간 뒤에 동사를 넣어 구체적인 행위의 발생 시간에 대해 말해 보세요.

» 시간명사는 동사 앞에 온다는 것을 꼭 기억하세요.

주의 3성이 연속되는 '几点', '两点', '五点', '九点'의 발음에 유의하세요.

시간을 나타내는 명사는 주어와 동사 사이 또는 주어 앞에 옵니다.
이런 부분은 우리말과 순서가 비슷해 보이지요?

'几'로 질문하기 (수량)

1 3성 + 1, 2, 4성 ➡ 반3성 + 1, 2, 4성

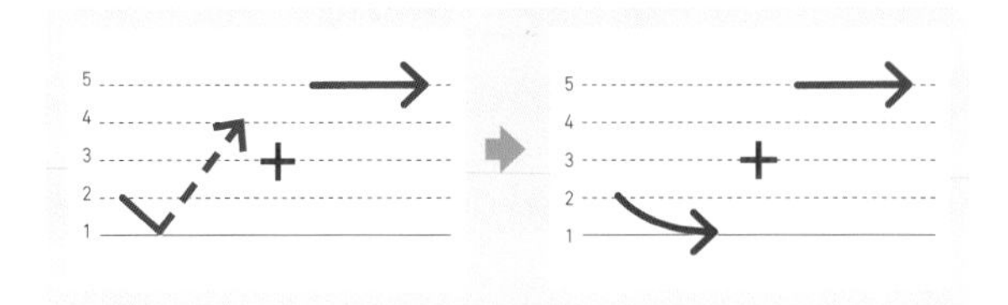

几杯	jǐ bēi	몇 잔
几瓶	jǐ píng	몇 병
几个	jǐ gè	몇 개

2 3성 + 3성 ➡ 2성 + 3성

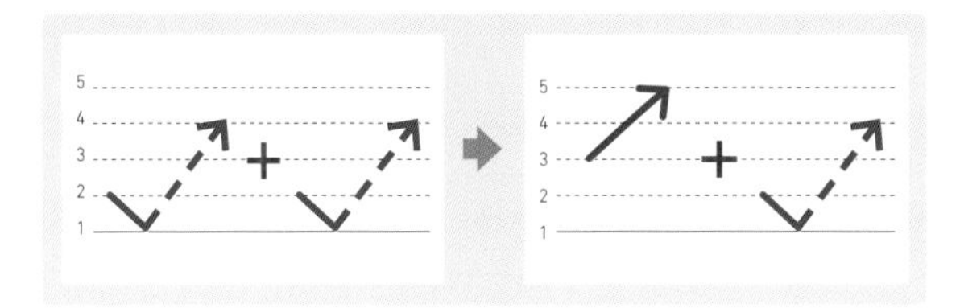

几碗	jǐ wǎn	몇 그릇
几本	jǐ běn	몇 권

» 수량을 물어볼 때는 '几 + 양사'를 사용하면 됩니다. 한국어와 똑같죠?

- 중국어의 양사가 너무 많아 힘들지만, 말할 때 양사를 사용하지 않거나 잘못 사용하면 굉장히 어색한 중국어가 된답니다. 한국어에서도 "책 한 개를 샀어.", "밥 두 개 먹었어."라고 말하면 어때요? 상당히 어색하죠. 양사의 종류가 많지만, 한꺼번에 다 외울 필요는 없습니다. 여기 제시된 기본적인 양사만 우선 익혀두세요.

문법 – 연습

'几'로 묻고 답하기 (수량)

» 수량을 물어볼 때에는 '几(의문사) + 양사 + 명사'만 쓰고 '吗'는 붙이지 않습니다.
'几' 자체가 의문사이기 때문이죠!

» 앞에서 연습했듯이 대답할 때는 '几' 자리에 숫자를 넣어 답하면 됩니다.

- 다음 발음에 유의하세요!
  - '一' 뒤에 1, 2, 3성이 오면 '一 yī'는 4성으로 변합니다. (Day 06 114p 참고)
  - '2' 뒤에 양사가 오면 '2'는 '二 èr'이 아니라 '两 liǎng'으로 발음해야 합니다. (Day 06 117p 참고)

여러 번 말하니 잔소리처럼 들리나요?
이렇게 반복하여 강조해야 여러분이 더 잘 기억할 수 있겠죠?

'几'로 질문하기 (경험 过)

你	去	过	几	次	中国?
Nǐ	qù	guo	jǐ	cì	Zhōngguó?
너	가다	~한 적이	몇	번	중국

중국어 주어+동사+过+几+양사+목적어?

한국어 주어+목적어+몇+양사+동사+~ㄴ 적이 있어요?

» 동사 뒤에 조사 '过 guo'를 붙여 과거의 경험을 표현할 수 있습니다. 이때 '过'는 경성으로 발음합니다.

- **동사+过 → 경험**

  '~한 적이 있다'라는 과거의 경험을 표현할 때에는 동사 뒤에 조사 '过'를 붙입니다.

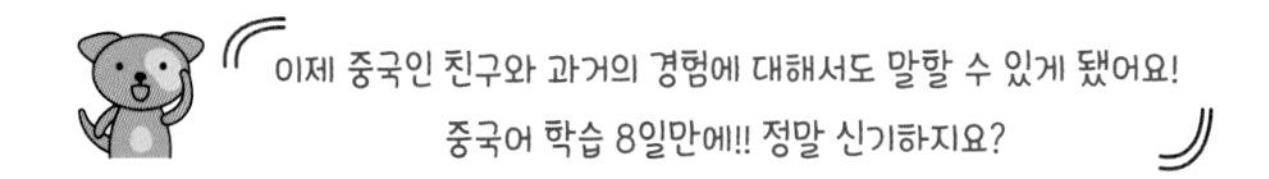

문법 – 연습

'几'로 묻고 답하기 1(경험 过)

08-13

你去过几次中国?
Nǐ qùguo jǐ cì Zhōngguó?
당신 중국 몇 번 가 봤어요?

긍정

我去过一次中国。
Wǒ qùguo yí cì Zhōngguó.
나는 중국에 한 번 가 본 적 있어요.

我去过一次。
Wǒ qùguo yí cì.
나는 한 번 가 봤어요.

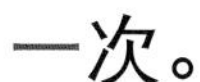
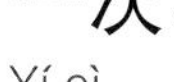

一次。
Yí cì.
한 번이요.

부정

没去过。
Méi qùguo.
가 본 적 없어요.

» '过 guo'와 '几 jǐ'를 사용해 과거의 경험에 대해 묻고 답할 수 있습니다.

- 긍정으로 대답할 때에는 다음의 세 가지 어순만 잘 기억하면 됩니다.
  1. 주어 + 동사 + 过 + 수사 + 양사 + 목적어
  2. 주어 + 동사 + 过 + 수사 + 양사
  3. 수사 + 양사

- 부정은 '没 + 동사 + 过'입니다. '不'를 사용하면 안 됩니다. 꼭 기억하세요.

문법 – 연습

'几'로 묻고 답하기 2 (경험 过)

08-14

Q	A1 긍정	A2 부정
你学过几年汉语? Nǐ xuéguo jǐ nián Hànyǔ? 당신 중국어 몇 년 배웠어요?	我学过一年。 Wǒ xuéguo yì nián. 나는 1년 배웠어요.	没学过。 Méi xuéguo. 배운 적 없어요.
你买过几本汉语书? Nǐ mǎiguo jǐ běn Hànyǔ shū? 당신 중국어 책 몇 권 샀어요?	买过七本。 Mǎiguo qī běn. 7권 샀었어요.	没买过。 Méi mǎiguo. 산 적 없어요.
你吃过几次中国菜? Nǐ chīguo jǐ cì Zhōngguócài? 당신 중국음식 몇 번 먹어 봤어요?	两次。 Liǎng cì. 두 번이요.	没吃过。 Méi chīguo. 먹어 본 적 없어요.

» 일상에서 자주 묻고 답할 때 쓰는 문장 형식입니다. 과거의 경험을 묻고 답하는 연습을 해 보세요.

주의 부정은 '没 + 동사 + 过'입니다. '不'를 사용하면 안 됩니다. 꼭 기억하세요.

지금까지 배웠던 단어들을 떠올리며 위의 형식에 맞춰 다양하게 말해 보세요.
중국어 실력이 부쩍 늘어있는 자신을 발견할 수 있을 거예요!

‘几’로 질문하기 (완료 了)

你	喝	了	几	杯	咖啡?
Nǐ	hē	le	jǐ	bēi	kāfēi?
너	마시다	았/었다	몇	잔	커피

중국어 주어 + 동사 + 了 + 几 + 양사 + 목적어?

한국어 주어 + 목적어 + 몇 + 양사 + 동사 + ~았/었어?

» 동사 뒤에 ‘了 le’를 붙여 완료된 상황에 대해 표현할 수 있습니다.

- **동사 + 了 → 완료**

  이미 완료된 동작이나 행위를 말할 때는 동사 뒤에 조사 ‘了’를 붙인 ‘동사 + 了’를 사용합니다. 위 예문에서 ‘喝了’가 ‘마셨다’로 번역되기 때문에 ‘了’가 과거시제라고 생각하기 쉬운데, 중국어의 ‘了’는 과거시제를 나타내는 영어의 ‘-ed’, 한국어의 ‘-았/었-’과는 조금 다릅니다. 중국어의 조사 ‘了’는 미래에 완료될 상황에도 쓰이기 때문입니다.

어려워 보이지만 전혀 걱정할 것 없습니다. 중국인도 ‘了’의 용법을 명확하게 알지 못한답니다. 지금은 ‘了’의 완료 의미만 이해하면 됩니다.

문법 – 연습

'几'로 묻고 답하기 1 (완료 了)

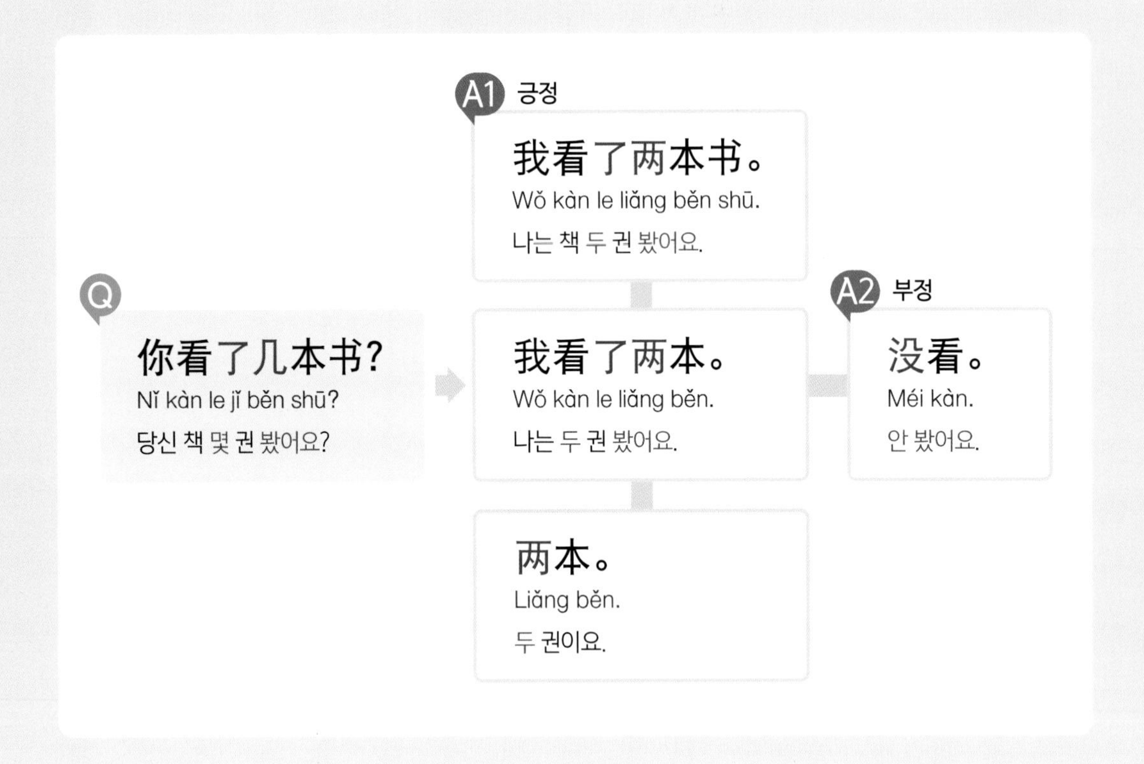

» '了 le'를 사용하여 완료된 상황에 대해 묻고 답하는 연습을 해 보세요.

- 긍정으로 대답할 때에는 다음의 세 가지 형식으로 말할 수 있습니다.
  1. 주어 + 동사 + 了 + 수사 + 양사 + 목적어
  2. 주어 + 동사 + 了 + 수사 + 양사
  3. 수사 + 양사

- 완료의 부정은 '没 + 동사'입니다. '不'를 사용하면 안 됩니다. 또한, '没'와 '了'는 동시에 쓸 수 없으므로 부정일 때에 '了'는 빼주세요.

문법 – 연습

'几'로 묻고 답하기 2 (완료 了)

08-16

Q	 A1 긍정	 A2 부정
你喝了几瓶啤酒? Nǐ hē le jǐ píng píjiǔ? 당신 맥주 몇 병 마셨어요?	我喝了一瓶啤酒。 Wǒ hē le yì píng píjiǔ. 나는 맥주 한 병 마셨어요.	我没喝。 Wǒ méi hē. 나는 안 마셨어요.
他学了几天汉语? Tā xué le jǐ tiān Hànyǔ? 그는 중국어를 며칠 배웠어요?	他学了十天。 Tā xué le shí tiān. 그는 10일 배웠어요.	他没学。 Tā méi xué. 그는 배우지 않았어요.
你今天吃了几碗米饭? Nǐ jīntiān chī le jǐ wǎn mǐfàn? 당신 오늘 밥 몇 그릇 먹었어요?	两碗。 Liǎng wǎn. 두 그릇이요.	今天没吃。 Jīntiān méi chī. 오늘 안 먹었어요.

» 위의 완료형은 일상에서 자주 사용되는 문장 형식입니다. 여러 번 읽어 보며 입에 익혀두세요.

» 수량사와 '了'를 사용하여 질문에 답해 보세요. 질문의 '几' 자리에 숫자를 넣어 대답하면 됩니다. 한국어 어순과 달라 틀리는 경우가 많으니 어순에 유의하며 연습해 보세요.

어순을 기억할 수 있도록 큰 소리로 읽으며 연습하세요.

Today's Mission!

08-17

각종 의문문을 활용하여, 중국인 친구와 약속을 잡을 수 있다!

› 지금까지 배운 질문 방법을 정리해 봅시다. 벌써 이렇게 많은 내용을 공부했네요. 뿌듯하지 않나요?

'吗'로 질문하기	동사술어문+吗? 형용사술어문+吗?	你喝咖啡吗? Nǐ hē kāfēi ma? 당신 커피 마셔요?	你忙吗? Nǐ máng ma? 당신 바빠요?
	是…吗? / 有…吗?	你是韩国人吗? Nǐ shì Hánguórén ma? 당신 한국인이에요?	你有时间吗? Nǐ yǒu shíjiān ma? 당신 시간 있나요?
'几'로 질문하기	시간·수량 묻기	今天星期几? Jīntiān xīngqī jǐ? 오늘 무슨 요일이에요?	现在几点? Xiànzài jǐ diǎn? 지금 몇 시예요?
	동사+过[경험]+ 几+양사+명사	你看过几本汉语书? Nǐ kànguo jǐ běn Hànyǔshū? 당신 중국어 책 몇 번 봤어요?	你去过几次中国? Nǐ qùguo jǐ cì Zhōngguó? 당신 중국 몇 번 가봤어요?
	동사+了[완료]+ 几+양사+명사	你喝了几瓶啤酒? Nǐ hē le jǐ píng píjiǔ? 당신 맥주 몇 병 마셨어요?	你学了几本书? Nǐ xué le jǐ běn shū? 당신 책 몇 권 공부했어요?
정반 의문문	동사+不+동사?/ 형용사+不+형용사?	你喝不喝啤酒? Nǐ hē bu hē píjiǔ? 당신 맥주 마실래요, 안 마실래요?	汉语难不难? Hànyǔ nán bu nán? 중국어 어려워요, 안 어려워요?
	是不是+명사?/ 有没有+명사?	你是不是中国人? Nǐ shì bu shì Zhōngguórén? 당신 중국인이에요, 아니에요?	你有没有中国朋友? Nǐ yǒu méiyǒu Zhōngguó péngyou? 당신 중국인 친구 있어요, 없어요?

Mission 일상 중에 시간과 일정을 묻고 약속을 정하는 일이 빈번하지요? 이번 과에서 날짜, 요일, 시간을 묻고 답하는 표현을 배웠으니 배운 내용을 활용하여 친구와 언제, 몇 시에 만날지 구체적인 날짜와 시간을 상의해 보세요. 중국인 친구와 일정을 묻고 약속을 잡을 수 있다면 이번 과도 미션 성공!

A 你明天忙不忙？ 너 내일 바빠?
Nǐ míngtiān máng bu máng?

B 明天我很忙。 내일 나 바빠.
Míngtiān wǒ hěn máng.

A 星期六呢？有没有时间？ 토요일은? 시간 있어, 없어?
Xīngqīliù ne? Yǒu méiyǒu shíjiān?

B 星期六也很忙。 토요일도 바빠.
Xīngqīliù yě hěn máng.

A 星期天呢？ 일요일은?
Xīngqītiān ne?

B 星期天上午我有汉语课。 일요일 오전에 중국어 수업이 있어.
Xīngqītiān shàngwǔ wǒ yǒu Hànyǔ kè.

A 下午呢？我们喝咖啡吧，好吗？ 오후에는? 우리 커피 마시자. 괜찮아?
Xiàwǔ ne? Wǒmen hē kāfēi ba, hǎo ma?

B 这周我很累，下周吧。 이번 주는 피곤한데, 다음 주에 하자.
Zhè zhōu wǒ hěn lèi, xiàzhōu ba.

A 你周几有时间？ 너 무슨 요일에 시간 있어?
Nǐ zhōu jǐ yǒu shíjiān?

B 周五晚上吧。 금요일 저녁에.
Zhōuwǔ wǎnshang ba.

A 几点？ 몇 시에?
Jǐ diǎn?

B 六点半吧。 6시 반에.
Liù diǎn bàn ba.

A 我们喝啤酒吧，好吗？ 우리 맥주 마시자. 어때?
Wǒmen hē píjiǔ ba, hǎo ma?

B 好的，下周见吧。 좋아. 다음 주에 봐.
Hǎode, xiàzhōu jiàn ba.

단어

呢 ne 앞서 나온 질문을 반복해야 할 때 주어 뒤에 붙여 사용

吧 ba 문장 맨 끝에 쓰여, 상의·제의·청유·기대·명령 등의 어기를 나타냄

레알~ 중국 맛보기!

중국어의 외국어 표기

한국어는 표음문자라 외국어를 소리 나는 것과 유사하게 표기할 수 있지만 중국어는 표의문자로 소리 나는 대로 표기하는 것이 매우 어렵습니다. 때문에 아래 5가지 방법으로 외국어를 표현하고 있습니다.

▪ 첫째, 유사한 발음의 한자 차용하기

예를 들어 IT기업 '아마존(Amazon)'은 중국어로 '亚马逊(Yàmǎxùn 야마쉰)'이라고 합니다. 비슷한 소리가 나는 한자를 조합하는 방식이라 한자의 뜻 자체는 중요하지 않습니다.

▪ 둘째, 발음은 무관, 한자의 뜻만 고려한 경우

자동차 브랜드 '폭스바겐(Volkswagen)'은 중국어로 '大众汽车(Dàzhòng Qìchē 따종치처)'인데 '따종'은 '대중 또는 국민', '치처'는 '자동차'로 '국민차'라는 뜻을 담았습니다.

▪ 셋째, 발음의 유사성과 뜻을 모두 고려한 경우

음료 브랜드 '코카콜라'는 중국어로 '可口可乐(Kěkǒukělè 커코우커러)'인데 발음이 비슷하면서도 '입을 즐겁게 한다'는 좋은 의미가 담겨있습니다. 또한, 자동차 브랜드 'BMW'는 '宝马(Bǎomǎ 바오마)'인데 '바오'는 'B', '마'는 'M'을 연상케 하면서 '귀한 탈 것'이란 뜻입니다.

▪ 넷째, 동일한 뜻의 한자로 바꾼 경우

IT기기 회사 '애플(apple)'은 과일 '사과'의 중국어인 '苹果(Píngguǒ 핑궈)' 그대로 바꿔 부릅니다.

▪ 다섯째, 이른바 '퓨전' 형식

커피 체인점 '스타벅스(Starbucks)'는 '星巴克(Xīngbākè 싱바커)'라고 합니다. '별'을 뜻하는 '星(xīng 싱)'과 'bucks'의 발음을 음역한 '巴克(bākè 바커)'를 결합한 것으로, 일부는 뜻을, 나머지 일부는 음을 반영하여 표현한 것입니다.

Day 09

— Today's Mission! —

자기소개 패턴을 배워
중국어로 자기소개를 할 수 있다!

zh/ch/sh/r + 운모 1

* 성모와 운모의 결합표를 보고, 녹음을 따라 성조를 붙여 읽어 보세요.

운모 / 성모	i	a	e	ai	ao	ou
zh	zhi	zha	zhe	zhai	zhao	zhou
ch	chi	cha	che	chai	chao	chou
sh	shi	sha	she	shai	shao	shou
r	ri		re		rao	rou

» 이번 과에서는 성모 'zh/ch/sh/r'와 운모의 결합 발음을 연습합니다.

» 성모 'zh/ch/sh/r'는 혀를 말아 올려 내는 소리로, 한국어에 없는 발음입니다.

• 'zhi/chi/shi/ri'의 'i'는 'ji/qi/xi'의 'i'와 달라 [이]로 발음하지 않고 [으]로 발음합니다.
한국인 학습자 중에는 이것을 혼동하지 않기 위해 '즈/츠/스/르'로 한국어 발음을 표기하여 발음하는 경우가 있습니다. 얼핏 듣기에는 비슷하게 들리지만 중국어는 혀를 말아 올려 발음해야 합니다.

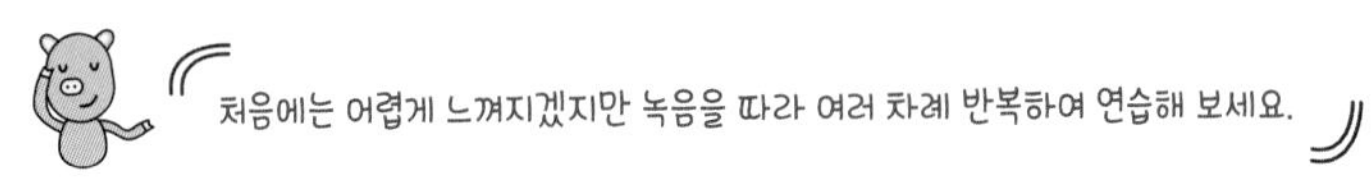

zh/ch/sh/r + 운모 2

* 성모와 운모의 결합표를 보고, 녹음을 따라 성조를 붙여 읽어 보세요.

성모 \ 운모	an	en	ang	eng	ong
zh	zhan	zhen	zhang	zheng	zhong
ch	chan	chen	chang	cheng	chong
sh	shan	shen	shang	sheng	
r	ran	ren	rang	reng	rong

» 이번에는 특히 'r' 발음에 유의합니다. 혀끝을 더 뒤로 밀어서 힘을 주고 발음합니다.

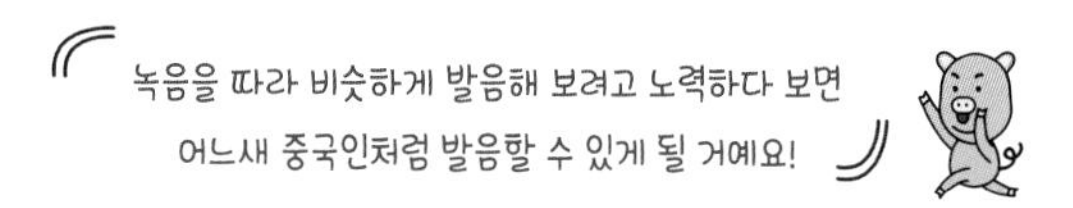

zh/ch/sh/r+운모 3

09-03

* 성모와 운모의 결합표를 보고, 녹음을 따라 성조를 붙여 읽어 보세요.

운모 / 성모	u	ua	uo	uai
zh	zhu	zhua	zhuo	zhuai
ch	chu	chua	chuo	chuai
sh	shu	shua	shuo	shuai
r	ru		ruo	

» 이어서 성모 'zh/ch/sh/r'와 운모의 결합 발음을 연습합니다.

- 그래도 발음이 어색하다면! 자신이 발음한 것을 녹음하여 들어 보세요. 이렇게 하면 녹음과 자신의 발음이 어떻게 다른지 정확히 알게 되어 올바르게 발음하는 데 도움이 될 거예요! 외국어 발음을 정확하게 하는 또 하나의 팁이랍니다.

"중국어의 운모는 한국어의 모음보다 입의 더 안쪽에서 발음해야 하는 것을 기억하고 있나요? 녹음을 따라 읽어 보세요."

zh/ch/sh/r + 운모 4

09-04

* 성모와 운모의 결합표를 보고, 녹음을 따라 성조를 붙여 읽어 보세요.

성모 \ 운모	u(e)i	uan	u(e)n	uang
zh	zhui	zhuan	zhun	zhuang
ch	chui	chuan	chun	chuang
sh	shui	shuan	shun	shuang
r	rui	ruan	run	

» 'uei / uen' 앞에 성모가 오면 'e'가 생략되어 표기되지만, 발음할 때는 생략된 'e'를 살려 발음합니다. 이 내용은 앞서 여러 번 강조했습니다. 여러분 이미 다 알고 있죠?

정확한 발음을 익히는 데는 지름길이 없습니다.
녹음을 따라 반복해 읽으며 연습하세요!

발음

儿化(얼화)

* 성조의 높이를 보고, 아래 단어를 읽어 보세요.

哪儿	那儿	这儿	一点儿	有点儿	没事儿
nǎr	nàr	zhèr	yìdiǎnr	yǒudiǎnr	méishìr
어디	거기	여기	조금	조금	괜찮아요

참고
a, ai, an + er = ar
ia, ian + er = iar
ua, uai, uan + er = uar
ei, en, +er = er
i, in + er = er
uei, uen + er = uer / ü, ün + er = üer

» 이번 과에서는 자주 쓰이는 '얼화' 단어를 몇 개 연습합니다.

» 얼화를 읽을 때는 앞의 운모 뒤에 바로 'r' 발음을 붙입니다. 예를 들어, 'an + r'은 'anr (안얼 혹은 앤얼)'로 읽지 않고 'ar(알)'이라고 읽어야 합니다.

- '얼화'의 특징
  - 일부 음절에 '儿 ér'을 붙여 발음하는데, 이때 발음이 변화되고 단어의 의미가 달라지기도 합니다.
  - '儿'의 원래 발음은 'ér'이지만, 얼화로 쓰일 때는 앞 음절 뒤에 'r'을 붙입니다. 발음은 권설음으로 변하여 혀를 말아 올려 발음합니다.

» '얼화'는 중국어의 특수한 현상입니다. 베이징 사람만 '얼화'를 쓴다고 생각하기 쉽지만, 표준어의 발음이 베이징 발음을 기초로 하기 때문에 규정된 200여 개의 단어는 반드시 '얼화'로 발음해야 합니다.

불만의 표현 '有点儿'

我 有点儿 累。

Wǒ yǒudiǎnr lèi.

나 좀 피곤하다

중국어 주어+有点儿+형용사

한국어 주어+좀+형용사

» 불만을 나타내는 또 다른 표현에 대해 배워 보겠습니다.

- '有点儿'은 불만의 의미를 나타냅니다.
  '有点儿忙(좀 바빠요)', '有点儿累(좀 피곤해요)', '有点儿贵(좀 비싸요)'는 가능합니다.
  그러나 '有点儿好(좀 좋아요)', '有点儿美(좀 아름다워요)', '有点儿漂亮(좀 예뻐요)'은 안 됩니다.
  이유는 '有点儿'은 긍정적 의미의 형용사와는 쓰이지 않기 때문입니다.

참고 앞서 Day 04 77p에서 우리는 '太…了'가 불만의 감정이나 감탄을 표현한다고 배웠습니다.

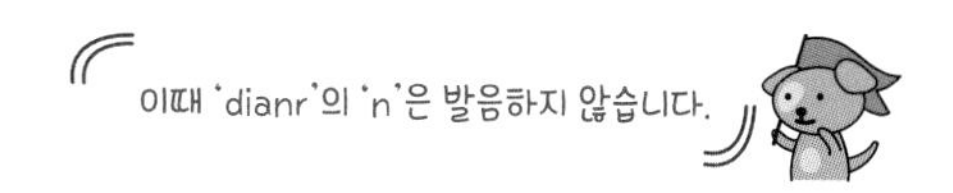

문법 – 연습

'有点儿'로 답하기 연습

Q	A1	A2
你忙吗? Nǐ máng ma? 당신 바빠요?	不太忙。 Bútài máng. 별로 안 바빠요.	有点儿忙。 Yǒudiǎnr máng. 좀 바빠요.
汉语难吗? Hànyǔ nán ma? 중국어 어려워요?	不太难。 Bútài nán. 별로 안 어려워요.	有点儿难。 Yǒudiǎnr nán. 좀 어려워요.
首尔的房子贵吗? Shǒu'ěr de fángzi guì ma? 서울 집값은 비싸요?	不太贵。 Bútài guì. 별로 안 비싸요.	有点儿贵。 Yǒudiǎnr guì. 좀 비싸요.

» 앞서 배웠던 '不太…'라는 표현 기억나시죠? '별로 ~않다'는 뜻이었습니다.

- 중국인들은 직접적인 표현보다 이처럼 간접적인 표현을 주로 사용합니다. 대표적인 표현이 바로 '不太'와 '有点儿'입니다.

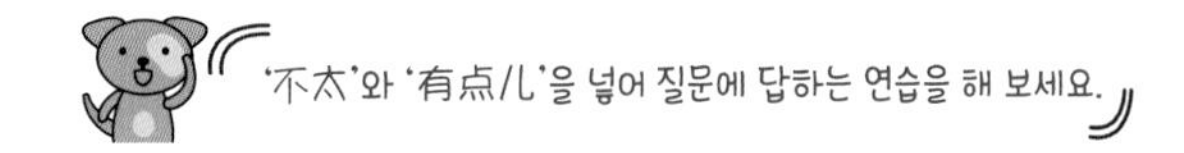

장소 관련 명사

09-07

* 성조의 높이를 보고, 녹음을 따라 아래 단어를 읽어 보세요.

北京	首尔	公司	办公室	学校	教室
Běijīng	Shǒu'ěr	gōngsī	bàngōngshì	xuéxiào	jiàoshì
베이징	서울	회사	사무실	학교	교실

» 장소 관련 표현을 할 때 자주 쓰이는 명사입니다.
이 중 '北京 Běijīng'과 '首尔 Shǒu'ěr'은 각각 중국과 한국의 수도이니, 중국인 친구와 이야기할 때에 써볼 수 있습니다.

주의 '首尔'의 3성 변조에 주의하세요. 또한, 중국어는 한자 하나하나 분명히 발음해야 합니다.
따라서 '尔 ěr'을 발음할 때 앞의 발음과 연결하여 발음하면 안 됩니다.

어디에? – '哪儿' 1

你	在	哪儿?
Nǐ	zài	nǎr?
너	있다	어디

중국어 주어 + 동사 在 + 哪儿?

한국어 주어 + 어디에 + 있어요?

我	在	首尔。
Wǒ	zài	Shǒu'ěr.
나	있다	서울

중국어 주어 + 동사 在 + 장소

한국어 주어 + 장소 + 에 + 있다

» '哪儿' 역시 '얼화음'이며, 일반적으로 두 가지로 쓰입니다. 먼저 첫 번째 용법을 배워 보겠습니다.

- '哪儿'의 첫 번째 용법은 한국어의 '어디에'에 해당하며, 위치나 장소를 물을 때 사용합니다.
- 이 때 '~에 있다'는 뜻의 동사 '在'가 올 수 있습니다.

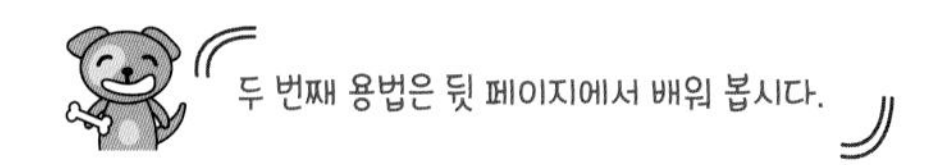

문법 – 연습

'哪儿'로 묻고 답하기 1

09-08

Q

爸爸在哪儿?
Bàba zài nǎr?
아빠는 어디에 계세요?

A

爸爸在公司。
Bàba zài gōngsī.
아빠는 회사에 계세요.

我的书在哪儿?
Wǒ de shū zài nǎr?
내 책은 어디에 있어요?

你的书在办公室。
Nǐ de shū zài bàngōngshì.
당신의 책은 사무실에 있어요.

你的钱包在哪儿?
Nǐ de qiánbāo zài nǎr?
당신의 지갑은 어디에 있어요?

我的钱包在家。
Wǒ de qiánbāo zài jiā.
내 지갑은 집에 있어요.

» '哪儿'을 사용하여 묻고 답하는 연습을 해 보세요.

- '哪儿'을 사용하여 위치나 장소를 물을 때에는 **[주어 + 在 + 哪儿]**을 쓰면 됩니다. 대답을 할 때에는 '哪儿' 자리에 말하고자 하는 위치나 장소를 넣으면 된답니다.

어디에서? - '哪儿' 2

你	在	哪儿	上课?
Nǐ	zài	nǎr	shàngkè?
너	~에서	어디	수업하다

중국어 주어 + 전치사 在 + 哪儿 + 동사?

한국어 주어 + 어디 + 에서 + 동사?

我	在	家	上课。
Wǒ	zài	jiā	shàngkè.
나	~에서	집	수업하다

중국어 주어 + 전치사 在 + 장소 + 동사

한국어 주어 + 장소 + 에서 + 동사

» '哪儿'의 두 번째 용법에 대해 배워 보겠습니다.

» '哪儿'의 두 번째 용법은 한국어의 '어디에서'에 해당하며, 동작이 발생하는 장소에 대해 물을 때에 씁니다. 이 때 '在'는 동사(~에 있다)가 아닌 전치사(~에서)로 쓰이는 것을 기억하세요!

- 중국어에서 전치사는 혼자서 쓰일 수 없고 반드시 뒤에 명사가 함께 와야 합니다.
  예 在中国(중국에서), 在首尔(서울에서)
- '在'가 전치사인지 동사인지 구별하는 방법은 뒤에 동사가 또 등장하느냐를 보면 됩니다. 뒤에 동사가 다시 등장한다면 '在'는 전치사로 쓰인 것이고, 문장에 다른 동사가 없다면 '在'는 동사로 쓰인 것입니다.
  예 我在中国。 나는 중국에 있다. ('在'는 동사)
  我在中国学习汉语。 나는 중국에서 중국어를 공부한다. ('在'는 전치사, '学习'가 동사)

문법－연습

‘哪儿’로 묻고 답하기 2

09-09

Q		A
你在哪儿吃饭? Nǐ zài nǎr chīfàn? 당신 어디에서 밥 먹어요?	➡	我在学校吃饭。 Wǒ zài xuéxiào chīfàn. 나는 학교에서 밥 먹어요.
你在哪儿学习? Nǐ zài nǎr xuéxí? 당신 어디에서 공부해요?	➡	我在教室学习。 Wǒ zài jiàoshì xuéxí. 나는 교실에서 공부해요.
你在哪儿看报? Nǐ zài nǎr kànbào? 당신 어디에서 신문 봐요?	➡	我在家看报。 Wǒ zài jiā kànbào. 난 집에서 신문 봐요.

» ‘哪儿’을 사용하여 묻고 답하는 연습을 해 보세요.

» ‘在 + 장소’ 뒤에 동사를 붙여 ‘~에서 ~을 한다’는 식의 표현을 할 수 있습니다. 이때 ‘在’는 전치사로, 한국어의 ‘~에서’의 뜻입니다.

참고 ‘你住在哪儿? (너 어디에 살아?)’에서 ‘住在’를 ‘~에 살다’라는 뜻의 한 단어로 이해하면 됩니다. ‘너 어디에 살아?’라는 질문에 ‘我住在首尔。(나는 서울에 살아.)’로 답해도 되고, ‘我家在首尔。(우리 집은 서울에 있어.)’이라고 말해도 됩니다.

사람 관련 표현

* 성조의 높이를 보고, 녹음을 따라 아래 단어를 읽어 보세요.

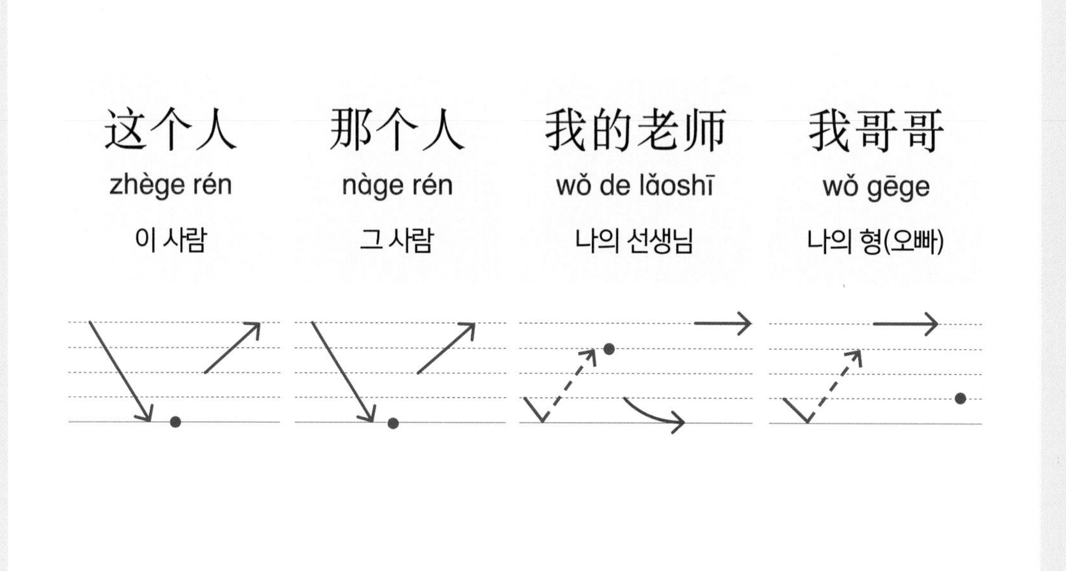

» 사람 관련 표현을 할 때 자주 쓰이는 명사입니다.

- '这个人'과 '那个人'은 **[지시대명사+양사+명사]** 형태의 단어입니다.
- 세 번째 단어 '**我的老师**'의 소유격 조사 '**的**'가 네 번째 단어 '**我哥哥**'에는 없습니다.
  이는 중국인은 가족을 소개할 때 일반적으로 '**的**'를 사용하지 않기 때문입니다.

누구? - '谁'

她	是	谁?
Tā	shì	shuí(shéi)?
그녀	이다	누구

중국어 주어+是+谁?

한국어 주어+누구+이니?

她	是	我的老师。
Tā	shì	wǒ de lǎoshī.
그녀	이다	내 선생님

중국어 주어+是+신분

한국어 주어+신분+이다

» '谁 shuí'는 '누구'라는 뜻의 의문사로, 사람에 대해 물을 때 사용합니다.
의문사 '谁'는 'shéi'로도 발음하며, 실제로 'shéi'를 더 많이 씁니다.

주의 여기에서 '他'와 '她'는 발음과 성조 모두 동일합니다. 그러나 뜻은 '남자'와 '여자'로 완전히 다르다는 것 기억하고 계시죠? 기억이 안 난다면 Day 03 52p를 참고하세요!

문법 – 연습

'谁'로 묻고 답하기

09-11

Q

他是谁?
Tā shì shéi?
그는 누구예요?

A

他是我哥哥。
Tā shì wǒ gēge.
그는 제 형(오빠)이에요.

她是谁?
Tā shì shéi?
그녀는 누구예요?

她是我妹妹。
Tā shì wǒ mèimei.
그녀는 제 여동생이에요.

那个人是谁?
Nàge rén shì shéi?
저 사람은 누구예요?

她是我的老师。
Tā shì wǒ de lǎoshī.
그녀는 저의 선생님이에요.

» 앞에 Day 07에서 배웠던 '是'동사술어문 생각 나시나요?
'谁(누구)'로 질문하고 답할 때 바로 이 술어문을 사용하면 됩니다.

앞에서 배웠던 것들이 하나씩 하나씩 다시 나오네요!
잘 익혀두지 못했다고 좌절은 마세요! 다시 복습하면 되니까요!
어학은 복습이 참 중요하답니다~!

무엇? - '什么'

你	吃	什么?
Nǐ	chī	shénme?
너	먹다	무엇을?

중국어 주어+동사+什么?

한국어 주어+무엇을+동사?

我	吃	米饭。
Wǒ	chī	mǐfàn.
나	먹다	(쌀)밥

중국어 주어+동사+목적어

한국어 주어+목적어+동사

» '什么'는 '무엇, 무슨'이라는 뜻의 의문사로, 내용에 관한 질문을 할 때 쓰입니다.

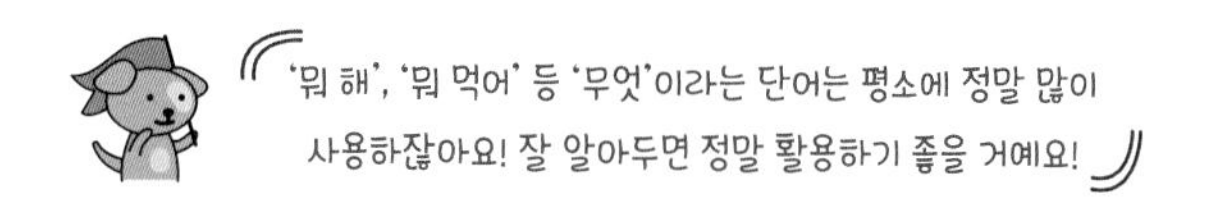

문법 – 연습

'什么'로 묻고 답하기 1

Q		A
你喝什么? Nǐ hē shénme? 당신 뭐 마셔요?	→	我喝咖啡。 Wǒ hē kāfēi. 나는 커피 마셔요.
你买什么? Nǐ mǎi shénme? 당신 뭐 사요?	→	我买汉语书。 Wǒ mǎi Hànyǔ shū. 나는 중국어 책 사요.
你要什么? Nǐ yào shénme? 당신 뭘 원해요?	→	我要钱包。 Wǒ yào qiánbāo. 나는 지갑을 원해요.

» '什么'로 묻고 답하는 연습을 해 봅시다.

정말 다양하게 활용해 볼 수 있는 의문대명사예요.
친구와 함께 질문하고 답하는 연습을 충분히 해 보세요!

'什么'로 묻고 답하기 2

09-13

Q

你喝什么酒?
Nǐ hē shénme jiǔ?
당신 어떤 술 마셔요?

我喝啤酒。
Wǒ hē píjiǔ.
나는 맥주 마셔요.

你上什么课?
Nǐ shàng shénme kè?
당신 어떤 수업해요?

我上汉语课。
Wǒ shàng Hànyǔ kè.
나는 중국어 수업해요.

你叫什么名字?
Nǐ jiào shénme míngzi?
당신 이름이 뭐예요?

我叫李敏浩。
Wǒ jiào Lǐ Mǐnhào.
내 이름은 이민호예요.

» 이번에는 관형어로 쓰이는 '什么'를 연습하겠습니다.
좀 더 구체적으로 '무슨 ~'이냐고 물을 때에 쓸 수 있습니다.

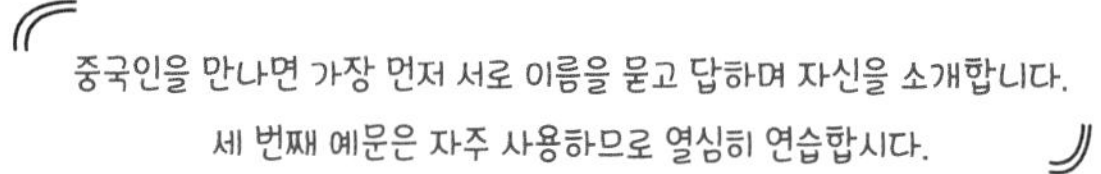

일상생활 관련 표현

* 성조의 높이를 보고, 아래 단어를 읽어 보세요.

起床	吃早饭	吃午饭	吃晚饭	睡觉
qǐchuáng	chī zǎofàn	chī wǔfàn	chī wǎnfàn	shuìjiào
일어나다	아침(밥)을 먹다	점심(밥)을 먹다	저녁(밥)을 먹다	잠을 자다

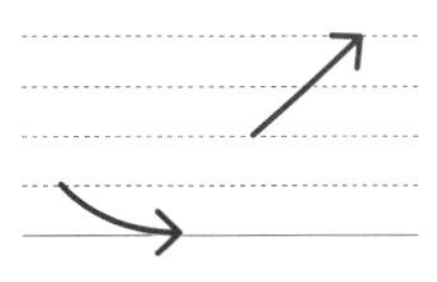

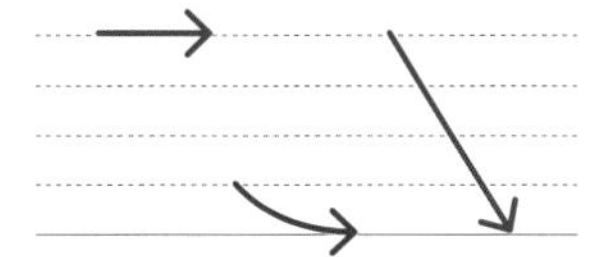

» 일상생활 관련 표현으로 평소 자주 쓰는 단어입니다. 여러 번 읽어 입에 익히세요!

평소에 많이 쓰게 될 일상생활에 관한 단어까지 배웠으니,
이제 중국인 친구와의 대화는 문제 없겠죠?

언제? - '什么时候'

你	什么时候	来?
Nǐ	shénme shíhou	lái?
너	언제	오다

중국어 주어+什么时候+동사?

한국어 주어+언제+동사?

我	3点	去。
Wǒ	sān diǎn	qù.
나	3시에	가

중국어 주어+시간+동사

한국어 주어+시간+동사

» 의문사 '什么时候(언제)'는 행위의 발생 시간이나 때를 물을 때 사용됩니다.
대답할 때에는 '什么时候' 자리에 날짜나 시간을 넣어 말하면 됩니다.

문법 – 연습

'什么时候'로 묻고 답하기

09-15

你什么时候睡觉?
Nǐ shénme shíhou shuìjiào?
당신 언제 잠을 자나요?

→ 我晚上10点睡觉。
Wǒ wǎnshang shí diǎn shuìjiào.
나는 저녁 10시에 잠을 자요.

你什么时候上课?
Nǐ shénme shíhou shàngkè?
당신 언제 수업해요?

→ 我星期一和星期三上课。
Wǒ xīngqīyī hé xīngqīsān shàngkè.
나는 월요일과 수요일에 수업해요.

你什么时候去北京?
Nǐ shénme shíhou qù Běijīng?
당신 언제 베이징에 가요?

→ 我下个月3号去北京。
Wǒ xià ge yuè sān hào qù Běijīng.
나는 다음 달 3일에 베이징에 가요.

» 의문사 '什么时候(언제)'를 사용해 시간과 날짜에 관한 질문을 할 수 있습니다.

- '什么时候'로 질문할 때 문장 끝에 '吗'를 붙이는 경우가 많습니다. 하지만 '什么时候' 자체가 의문사이기 때문에 의문조사 '吗'는 붙이면 안 됩니다. 주의하세요~!

» 두 번째 예문의 '和 hé'는 '~와/과'의 뜻으로 여러 가지를 나열할 때 쓰는 접속사입니다.

문법 – 정리

'几' VS '什么时候' 비교

09-16

你几点起床? Nǐ jǐ diǎn qǐchuáng? 당신 몇 시에 일어나요?	VS	你什么时候起床? Nǐ shénme shíhou qǐchuáng? 당신 언제 일어나요?
你星期几上课? Nǐ xīngqī jǐ shàngkè? 당신 무슨 요일에 수업해요?	VS	你什么时候上课? Nǐ shénme shíhou shàngkè? 당신 언제 수업해요?
你几号去北京? Nǐ jǐ hào qù Běijīng? 당신 며칠에 베이징에 가요?	VS	你什么时候去北京? Nǐ shénme shíhou qù Běijīng? 당신 언제 베이징에 가요?

» 위에서와 같이 '几'와 비교했을 때, '什么时候'가 더 광범위하게 쓰입니다.

- '几点'으로 물으면 '몇 시'로 대답해야 하지만 '什么时候'로 물으면 구체적인 시간으로도 대답이 가능하고 오전인지 오후인지 대략적인 시간대로도 대답할 수 있기 때문에 '几'는 구체적인 답을 요청할 때 쓰고, '什么时候'는 광범위하고 대략적인 것만 요구할 때에 씁니다.

'어디에', '누가', '무엇을', '언제'에 대해 물어 보고 답할 수 있게 되었으니, 중국어 학습 9일만의 엄청난 발전이에요!

Today's Mission!

자기소개 패턴을 배워 중국어로 자기소개를 할 수 있다!

› 중국어를 어느 정도 배웠으니, 이제 중국인 친구를 만나 자신을 소개해 볼 수 있겠지요? 아래 나오는 자기소개 패턴을 활용하면 더욱 쉽습니다!

	자기소개 패턴	말해보기
이름	我 + 叫 + 이름。	我叫李敏浩。 Wǒ jiào Lǐ Mǐnhào. 저는 이민호입니다.
국적	我 + 是 + 나라 + 人。	我是韩国人。 Wǒ shì Hánguórén. 저는 한국인입니다.
나이	我 + 今年 + 나이(숫자) + 岁。	我今年25岁。 Wǒ jīnnián èrshíwǔ suì. 저는 올해 25살입니다.
사는 곳	我 + 住在 + 나라명 + 도시명 + (주소)。	我住在韩国首尔OOO。 Wǒ zhùzài Hánguó Shǒu'ěr OOO. 저는 한국 서울 OOO에 삽니다.
취미	我 + 喜欢 + 취미1 + 취미2 + 还有 + 취미3。	我喜欢看电视、看书还有看电影。 Wǒ xǐhuan kàn diànshì、kàn shū háiyǒu kàn diànyǐng. 저는 텔레비전 보는 것과 독서, 그리고 영화 보는 것을 좋아합니다.
경력	我 + 동사 + 过 + 목적어。	我学过汉语。 Wǒ xuéguo Hànyǔ. 저는 중국어를 배운 적이 있습니다.
계획	시간 + 我 + 想 + 동사 + 목적어。	明年我想去中国。 Míngnián wǒ xiǎng qù Zhōngguó. 내년에 저는 중국에 가고 싶습니다.

› 자기소개 패턴에 맞춰 잘 말해 보았나요? 그럼 오늘의 미션으로 고고~!

중국어로 자기소개를 할 수 있다! 중국어 공부를 시작하면 자연스럽게 중국인 친구가 생기고, 그럼 중국어로 자기소개를 해야 할 일이 많아지겠죠? 따라서 자기소개 중국어 버전을 미리 준비해 외워두면 어디에서든 자신 있게 자신을 소개할 수 있습니다. 생각만 해도 근사하지 않나요? 다음의 내용을 숙지하고 자기소개를 할 수 있으면 오늘의 미션도 완성!

인사	大家好! Dàjiā hǎo! 여러분 안녕하세요!
이름	我叫全恩善。 Wǒ jiào Quán Ēnshàn. 제 이름은 전은선입니다.
국적	我是韩国人。 Wǒ shì Hánguórén. 저는 한국인입니다.
나이	我今年三十岁。 Wǒ jīnnián sānshí suì. 저는 올해 30살입니다.
사는 곳	我住在首尔。 Wǒ zhùzài Shǒu'ěr. 저는 서울에서 살고 있습니다.
취미	我喜欢看电影、吃饭、睡觉还有学汉语。 Wǒ xǐhuan kàn diànyǐng、chīfàn、shuìjiào háiyǒu xué Hànyǔ. 저는 영화 보는 것, 밥 먹는 것, 자는 것, 그리고 중국어 공부하는 것을 좋아합니다.
근황	我每个星期上两次汉语课。 Wǒ měige xīngqī shàng liǎng cì Hànyǔ kè. 저는 매주 두 번 중국어 수업을 듣습니다.
앞으로의 계획	明年我想去中国。 Míngnián wǒ xiǎng qù Zhōngguó. 내년에 저는 중국에 가고 싶습니다.
마무리 인사	谢谢! Xièxie! 감사합니다!

레알~ 중국 맛보기!

중국의 남방지역과 북방지역의 문화 차이

중국은 국토 면적이 넓어 지역에 따라 기후나 풍토가 다릅니다. 특히 창장(长江)을 기준으로 하여 남방지역과 북방지역의 풍토가 각각 다르기 때문에 사람들의 성향이나 특징, 문화 차이가 비교적 큽니다.

▮ 외모 & 성격

한국의 '남남북녀'와 대비해 중국은 '남녀북남'이라 해야 맞을 듯 합니다. 남쪽에는 피부가 희고 고운 미녀가 많고, 북쪽에는 키가 크고 건장한 남자들이 많기 때문입니다. 정형화하기는 어렵지만, 성격은 남쪽지방 사람들이 계산에 밝고 꼼꼼하다는 평이 있고, 북쪽지방 사람들은 대범하고 호방하다는 평이 있습니다.

▮ 언어 차이

역사적으로 보면 중국은 원래 창장(长江) 이북을 중심으로 발전했으며, 창장 이남에는 여러 개의 작은 국가들이 있었습니다. 통일이 된 후에 각 나라의 언어는 방언, 즉 사투리가 되었는데요. 통일된 형태로 역사가 길었던 이북지역은 권역간에 어느 정도 말이 통하지만, 이남지역은 가까운 권역간이라해도 방언으로 소통이 안 되어 서로의 말이 외국어로 느껴집니다.

▮ 음식

우선 크게 보면 북방지역은 밀가루 음식을, 남방지역은 쌀을 주식으로 합니다. 이는 각 지역의 주된 농작물과 관련이 있습니다. 북방사람들은 남방사람들에 비해 술을 잘 마시는데, 북방의 추위를 견디기 위해 생긴 습성입니다. 쓰촨(四川) 지역은 분지지역의 높은 습도를 이겨내기 위한 방편으로 매운 음식이 발달하였고, 산시(山西) 지역 사람은 식초를 즐겨 먹는데, 황토고원의 토양 속 광물질로 인해 결석이 생기기 쉬워, 이를 녹이는 데 도움이 되어 식초를 먹게 된 것입니다.

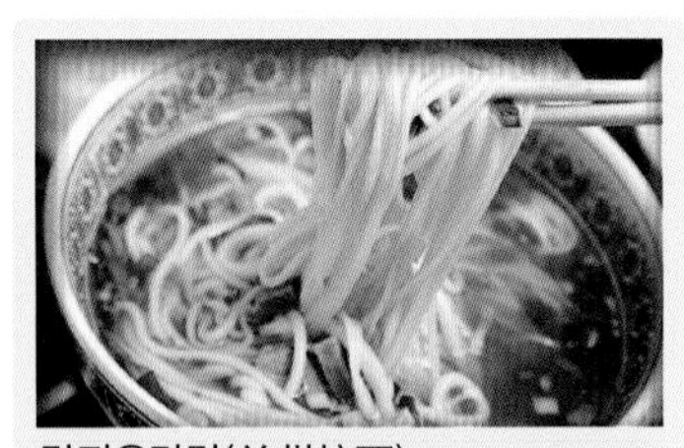

란저우라면(兰州拉面)

쓰촨의 마라떠우푸(麻辣豆腐)

Day 10

Today's Mission!

각종 의문사를 활용하여,
중국어 스피드 퀴즈에 도전할 수 있다!

z/c/s+운모 1

* 성모와 운모의 결합표를 보고, 녹음을 따라 순서대로 읽어 보세요.

운모 성모	i	a	e	ai	ei	ao	ou
z	zi	za	ze	zai	zei	zao	zou
c	ci	ca	ce	cai		cao	cou
s	si	sa	se	sai		sao	sou

» 이번 과에서는 성모 'z/c/s'와 운모의 결합 발음을 연습합니다.

- 'z/c/s'는 혀끝소리로 혀끝을 윗니와 마찰시켜 소리냅니다. 우리가 가끔 한심한 상황을 보면 '쯔쯔쯔~' 라고 혀 차는 소리를 내죠? 그것과 발음 방법이 비슷하다고 보면 됩니다.
- 'zi/ci/si'의 'i'는 [이] 발음이 아닌 [으]로 발음합니다.
- 'c[츠]' 발음에 특히 유의하세요. 영어 발음과 혼동하여 'ca(카)', 'cai(카이)' 등으로 읽지 않도록 주의하세요.

z / c / s + 운모 2

* 성모와 운모의 결합표를 보고, 녹음을 따라 순서대로 읽어 보세요.

운모 / 성모	an	en	ang	eng	ong
z	zan	zen	zang	zeng	zong
c	can	cen	cang	ceng	cong
s	san	sen	sang	seng	song

» 한국인이 많이 틀리는 발음 중 하나가 바로 'z' 류의 발음입니다.
이를 정확하게 발음하는 학습자는 극히 드물죠. 발음 위치가 틀리면 정확한 발음을 낼 수 없습니다.

설명을 이해했다고 정확한 발음을 낼 수 있는 것은 아닙니다. 이 내용을 참고하여 녹음을 듣고 최대한 똑같이 모방한다는 생각으로 따라 하세요.

z / c / s + 운모 3

* 성모와 운모의 결합표를 보고, 녹음을 따라 순서대로 읽어 보세요.

운모 / 성모	u	uo	u(e)i	uan	u(e)n
z	zu	zuo	zui	zuan	zun
c	cu	cuo	cui	cuan	cun
s	su	suo	sui	suan	sun

» 표기규칙에 따라 'zui / cui / sui', 'zun / cun / sun'으로 표기되지만 발음할 때는 생략된 'e'를 살려서, 'zu(e)i / su(e)n'으로 발음합니다.

경성으로 읽어야 하는 '-子' 1

* 성조의 높이를 보고, 아래 단어를 읽으세요.

包子	饺子	杯子	瓶子	盘子	碟子
bāozi	jiǎozi	bēizi	píngzi	pánzi	diézi
호빵	만두	컵	병	쟁반	접시

» '子'가 들어가는 명사입니다. 이때 '子'에 실질적인 뜻은 없으며, 경성으로 발음됩니다. 일상적으로 많이 쓰이는 사물 명사를 통해 '子 zi' 발음과 경성을 연습하겠습니다.

- 현대중국어는 고대중국어와 달라 두 글자로 된 단어가 많습니다. 위의 단어들이 보여주듯이 물건을 나타내는 글자에 '子'를 붙여 두 글자 단어를 만들어 사용합니다.

경성으로 읽어야 하는 '-子' 2

* 성조의 높이를 보고, 아래 단어를 읽으세요.

桌子	椅子	筷子	勺子	盒子	袋子
zhuōzi	yǐzi	kuàizi	sháozi	hézi	dàizi
탁자	의자	젓가락	숟가락	작은 상자, 합	주머니, 봉지

» '子'가 들어가는 명사를 좀 더 연습해 보세요. 실생활에서 자주 쓰이는 단어입니다.

- '컵(杯)', '병(瓶)', '접시(盘)' 등의 용기는 양사로 사용할 수 있고, 뒤에 '子'를 넣어 명사가 될 수도 있습니다. 이 규칙은 복잡해 보이지만 사실 자세히 보면 한국어의 용법과 똑같습니다.

명사	양사
一个杯子 yí gè bēizi 잔 하나	一杯咖啡 yì bēi kāfēi 커피 한 잔
一个瓶子 yí gè píngzi 병 하나	一瓶啤酒 yì píng píjiǔ 맥주 한 병
一个盘子 yí gè pánzi 접시 하나	一盘面条 yì pán miàntiáo 면 한 쟁반
一个盒子 yí gè hézi 박스 하나	一盒米饭 yì hé mǐfàn (쌀)밥 한 박스
一个袋子 yí gè dàizi 봉지 하나	一袋苹果 yí dài píngguǒ 사과 한 봉지

방위사 1

* 성조의 높이를 보고, 녹음을 따라 아래 단어를 읽어 보세요.

上	下	左	右	里	外	前	后
shàng	xià	zuǒ	yòu	lǐ	wài	qián	hòu
위	아래	왼	오른	안	밖	앞	뒤

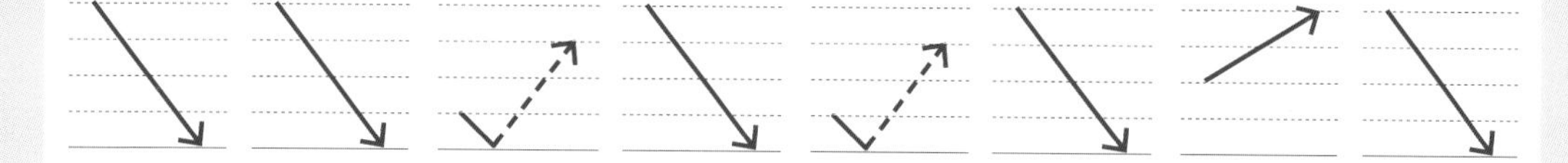

» 중국어의 방위사에 대해 배워 보겠습니다. 방위사란 방향 또는 위치를 나타내는 명사를 가리킵니다.

- '~에 있다'처럼 위치를 말할 때에는 명사 뒤에 위의 '방위사'를 붙여 말합니다.

  예 书在桌子上。 책은 책상 위에 있다.
  书在包里。 책은 가방 속에 있다.

  위의 예문에서 '桌子(책상)'와 '包(가방)'는 장소를 나타내는 명사가 아닙니다.
  그래서 뒤에 '上(위)'이나 '里(안)'와 같은 방위사를 사용해 일반명사를 장소화 하는 것입니다.

방위사 2

10-07

上边 shàngbian	下边 xiàbian	左边 zuǒbian	右边 yòubian
上面 shàngmian	下面 xiàmian	左面 zuǒmian	右面 yòumian
위쪽	아래쪽	왼쪽	오른쪽

里边 lǐbian	外边 wàibian	前边 qiánbian	后边 hòubian
里面 lǐmian	外面 wàimian	前面 qiánmian	后面 hòumian
안쪽	밖쪽	앞쪽	뒤쪽

» 한국어는 방위사 뒤에 '쪽'을 붙여 '위쪽, 앞쪽'이라고 말합니다.
중국어는 '边'이나 '面'을 붙이는데, 둘의 의미 차이는 크지 않습니다.

주의 이 때 '边', '面'은 경성으로 읽어야 합니다.

녹음을 듣고 따라 읽으세요. 이번에는 성조표를 보지 않고 자연스럽게 경성을 읽어 보세요.

문법 동사 '在'로 위치 설명하기

我的手机	在	哪儿?
Wǒ de shǒujī	zài	nǎr?
나의 휴대전화	있다	어디에

중국어 주어 + 在 + 哪儿?

한국어 주어 + 어디에 + 있어?

你的手机	在	桌子	上。
Nǐ de shǒujī	zài	zhuōzi	shàng.
너의 휴대전화	있다	테이블	위

중국어 주어 + 在 + 장소 + 방위사

한국어 주어 + 장소 + 위치 + 있다

» '在'로 'z' 발음을 연습해 보세요.

» 위치를 묻고 답할 때에는 동사 '在(있다)'를 써서 나타냅니다.

» '동사 在 + 哪儿'로 장소를 묻는 방법에 대해서는 Day 09 186p 에서 배운 바 있습니다. 복습의 개념으로 학습해 보세요!

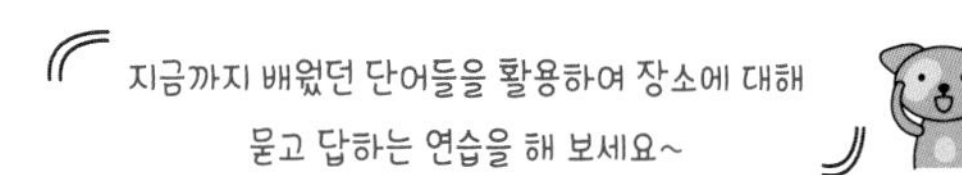

문법 – 연습

동사 '在'로 위치 묻고 답하기

10-08

Q		A
包子在哪儿? Bāozi zài nǎr? 호빵 어디에 있어요?	➡	包子在盘子里。 Bāozi zài pánzi lǐ. 호빵은 접시 안에 있어요.
盘子在哪儿? Pánzi zài nǎr? 접시 어디에 있어요?	➡	盘子在桌子上。 Pánzi zài zhuōzi shàng. 접시는 탁자 위에 있어요.
饺子在哪儿? Jiǎozi zài nǎr? 만두 어디에 있어요?	➡	饺子在盒子里面。 Jiǎozi zài hézi lǐmian. 만두는 박스 안에 있어요.
筷子在哪儿? Kuàizi zài nǎr? 젓가락 어디에 있어요?	➡	筷子在袋子下面。 Kuàizi zài dàizi xiàmian. 젓가락은 봉지 아래에 있어요.

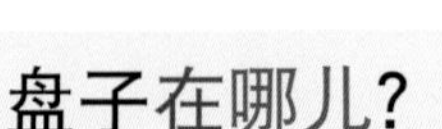

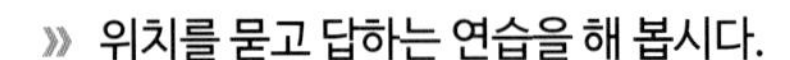

» 위치를 묻고 답하는 연습을 해 봅시다.

- 한국어는 '책상 (위)에 있어', '냉장고 (안)에 있어'와 같이 방위사를 사용하지 않는 경우가 많습니다. 그런데 중국어는 명사 자체로는 장소를 나타내지 못해 명사에는 방위사가 반드시 있어야 하며, **'在 + 명사 + 방위사'** 형식으로 표현해야 합니다. 꼭 기억하세요~!
- 단, 장소를 나타내는 명사에는 뒤에 방위사를 사용하지 않습니다.

예 他在中国。 그는 중국에 있다.
我在学校。 나는 학교에 있다.

의문사 '怎么' + '走'

洗手间	怎么	走?
Xǐshǒujiān	zěnme	zǒu?
화장실	어떻게	가다

중국어 장소+怎么+走?

한국어 장소+어떻게+가?

往	右	拐。
Wǎng	yòu	guǎi.
~으로	오른쪽	돌다

중국어 往+방향+동사

한국어 방향+으로+동사

» '怎么'로 'z' 발음을 연습해 보세요.

» '怎么'는 '어떻게'라는 뜻의 의문사로, 주로 '방법'을 물어볼 때 사용됩니다.

» 그러나 위의 예문에서처럼 '怎么'에 '走'를 붙여 말하면 길을 묻는 표현이 됩니다. 즉, 어떤 장소에 갈 때에 '어떻게 갑니까?'라는 의미를 나타내는 유용한 표현입니다. 잘 알아두세요!

- 중국어 '가다'에 해당하는 단어는 '走 zǒu'와 '去 qù' 두 가지가 있습니다. 뜻은 같지만 쓰임이 다릅니다. '怎么'와 함께 쓰일 경우, '走'는 길을, '去'는 교통수단을 묻는 표현이 됩니다. Day 10 215p를 참고하세요.

문법 – 연습

'怎么走'로 묻고 답하기

10-09

Q

地铁站怎么走?
Dìtiězhàn zěnme zǒu?
지하철역에 어떻게 가요?

往前走。
Wǎng qián zǒu.
앞쪽으로 가세요.

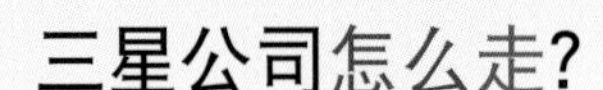

三星公司怎么走?
Sānxīng Gōngsī zěnme zǒu?
삼성에 어떻게 가요?

往前走，往左拐。
Wǎng qián zǒu, wǎng zuǒ guǎi.
앞쪽으로 가서 왼쪽으로 도세요.

首尔大学怎么走?
Shǒu'ěr Dàxué zěnme zǒu?
서울대학교 어떻게 가요?

往前走，往右拐。
Wǎng qián zǒu, wǎng yòu guǎi.
앞쪽으로 가서 오른쪽으로 도세요.

» '장소 + 怎么走'로 물으면 대답은 어떻게 가는지 '가는 방법'에 대해 설명하면 됩니다.

'怎么走'는 가는 방법을 물을 때 쓰는 표현이므로,
중국에 여행 가서 길을 물을 때 쉽게 써 볼 수 있는 표현입니다.

교통수단 관련 단어

* 성조의 높이를 보고, 녹음을 따라 아래 단어를 읽어 보세요.

开车	坐地铁	坐公交车	打车	走路
kāichē	zuò dìtiě	zuò gōngjiāochē	dǎchē	zǒulù
운전하다	지하철을 타다	버스를 타다	택시를 타다	걷다

» 가장 자주 쓰이는 교통수단 관련 단어입니다.

- '坐'는 '앉다', '타다'의 두 가지 뜻으로 쓰입니다.

예 坐 : 앉다　　　　坐 + 교통수단 : ~을 타다

» '택시를 타고 가다'는 '坐出租车 zuò chūzūchē'라고도 하는데, 언뜻 보기에 어려워 보이지요? 외국인에게 어려운 발음이니 같은 의미인 '打车 dǎchē'라고 해도 됩니다.

» '公交车'는 '公共汽车 gōnggòng qìchē' 또는 'bus'라는 발음을 그대로 음역하여 '巴士 bāshì'라고도 합니다.

» 앞서 Day 08 158p에서 배웠던 '上'과 '坐'는 어떻게 다를까요? 예를 들어 '上车'는 '차에 오르다'의 의미로 동작에 포인트가 있는 것이고. '坐车'는 수단에 포인트가 있는 것이라고 생각하면 됩니다!

의문사 '怎么' + '去'

我们	怎么	去?
Wǒmen	zěnme	qù?
우리	어떻게	가다

중국어 주어+怎么+去?

한국어 주어+어떻게+가?

我们	坐地铁	去。
Wǒmen	zuò dìtiě	qù.
우리	지하철 타다	가다

중국어 주어+행위+교통수단+去

한국어 주어+교통수단+행위+가다

» 앞서 나왔듯이 '怎么'는 '어떻게'라는 뜻의 의문사로, 주로 '방법'을 물어볼 때 사용된다는 것 기억나지요?

- 위의 예문에서처럼 '怎么'에 동사 '去'를 붙이면 교통수단을 물어보는 표현이 되어, 어느 장소에 가야 하는데 '무엇을 타고 가야 하느냐?'의 의미이니 앞서 배운 '怎么走'와 구별하여 알아두어야겠지요?
- 반대로 '어떻게 와?'는 '오다'라는 뜻의 동사인 '来 lái'를 사용하여 '怎么来'라고 표현하면 됩니다.

앞에서 배웠던 교통수단 관련 단어를 떠올려 연습해 보세요.

문법-연습

'怎么去'로 묻고 답하기

10-11

Q		A
你怎么去? Nǐ zěnme qù? 어떻게 가요?		我打车去。 Wǒ dǎchē qù. 택시 타고 가요.
你怎么来? Nǐ zěnme lái? 어떻게 와요?		我走路去。 Wǒ zǒulù qù. 걸어서 가요.
你怎么去上班? Nǐ zěnme qù shàngbān? 출근은 어떻게 해요?		我开车上班。 Wǒ kāichē shàngbān. 운전해서 출근해요.
你怎么去上学? Nǐ zěnme qù shàngxué? 학교는 어떻게 가요?	→	我坐地铁上学。 Wǒ zuò dìtiě shàngxué. 지하철 타고 학교에 가요.

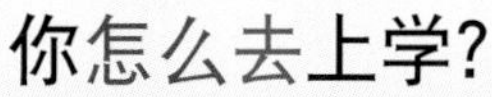

» 다양한 교통수단을 활용해서 묻고 답해 보세요.

- '怎么去'와 '怎么走'의 차이점

  1. Q: 怎么去COEX?
     A: 打车去。 [교통수단에 대해 대답]
  2. Q: COEX怎么走?
     A: 前面往右拐，走10分钟左右。 [길에 대해 대답]

'怎么去'는 교통수단에 대해 물을 때 쓰는 표현이므로 중국에 여행 가서 '怎么走'와 더불어 길을 물을 때 쉽게 써볼 수 있는 표현이 되겠죠?

의문사 '怎么样'

学汉语	怎么样?
Xué Hànyǔ	zěnmeyàng?
중국어 배우는 것	어때?

중국어 주어+怎么样?

한국어 주어+어때?

学汉语	很	有意思。
Xué Hànyǔ	hěn	yǒuyìsi.
중국어 배우는 것	(아주)	재미 있다

중국어 주어+정도부사+형용사

한국어 주어+(부사)+형용사

» '怎么样'은 '어떠하다'라는 뜻으로, 주로 '어때?'라고 상대방의 의견을 물을 때 사용됩니다.

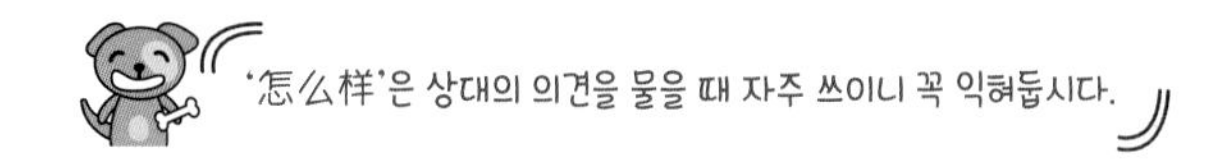

문법 – 연습

'怎么样'으로 의견 묻고 답하기

10-12

那个包怎么样?
Nàge bāo zěnmeyàng?
저 가방 어때요?

→ 那个包有点儿大。
Nàge bāo yǒudiǎnr dà.
저 가방은 좀 커요.

这本书怎么样?
Zhè běn shū zěnmeyàng?
이 책 어때요?

→ 这本书太难了。
Zhè běn shū tài nán le.
이 책 너무 어려워요.

咖啡怎么样?
Kāfēi zěnmeyàng?
커피 어때요?

→ 这儿的咖啡有点儿贵。
Zhèr de kāfēi yǒudiǎnr guì.
여기 커피 좀 비싸요.

» '怎么样'으로 묻고 답하는 연습을 해 보세요.
대답할 때에 형용사 앞에 '좀(有点儿)', '아주(太…了)'와 같은 정도를 나타내는 부사를 붙여 말해 보세요.
그럼 표현이 조금 더 풍부해질 거예요!

날씨 관련 단어

* 성조의 높이를 보고, 녹음을 따라 아래 단어를 읽어 보세요.

热	冷	暖和	凉快	下雨	下雪
rè	lěng	nuǎnhuo	liángkuai	xiàyǔ	xiàxuě
덥다	춥다	따뜻하다	시원하다	비가 내리다	눈이 내리다

» 언제 어디서든 자연스럽게 말문을 열 수 있는 화제는 바로 날씨! 이번에는 날씨 관련 단어에 대해 배워 봐요!

» 이 중 '热 rè'는 한국인에게 특히 어려운 발음이므로, 녹음을 잘 듣고 여러 번 따라 읽어 보세요.

- 앞에서 배웠던 '下 xià'에는 '(비나 눈이) 내리다'라는 뜻도 있어 '下雨 xiàyǔ', '下雪 xiàxuě'와 같이 쓰입니다.
- 이때 '下雨'의 'yǔ'를 한국어 독음인 '우'로 발음하지 않도록 주의하세요. '우'로 발음하면 '下午 xiàwǔ'가 되어 '오후'라는 뜻이 됩니다!

문법 - 연습

'怎么样'으로 날씨 묻고 답하기

10-14

Q

今天天气怎么样?
Jīntiān tiānqì zěnmeyàng?
오늘 날씨 어때요?

A

今天有点儿冷。
Jīntiān yǒudiǎnr lěng.
오늘 좀 추워요.

北京现在天气怎么样?
Běijīng xiànzài tiānqì zěnmeyàng?
지금 베이징 날씨는 어때요?

北京现在下雨呢。
Běijīng xiànzài xiàyǔ ne.
베이징은 지금 비가 내리고 있어요.

最近首尔天气怎么样?
Zuìjìn Shǒu'ěr tiānqì zěnmeyàng?
요즘 서울 날씨 어때요?

最近首尔很热。
Zuìjìn Shǒu'ěr hěn rè.
요즘 서울은 더워요.

» 날씨에 대해 묻고 답하는 연습을 해 보세요.

» 두 번째 예문 '北京现在下雨呢。'의 '呢'는 상태의 지속, 즉 '~하고 있다'라는 진행의 뜻을 강조하는 역할을 합니다. 귀엽게 발음하면 애교의 느낌도 조금 줄 수 있어요!

날씨 관련 표현은 분위기를 부드럽게 만드는 ice breaking으로 사용될 수 있습니다.
이 표현을 적절히 사용하면 중국인 친구를 만나도 어색하지 않게 대화를 시작할 수 있답니다.

Today's Mission!

10-15

각종 의문사를 활용하여, 중국어 스피드 퀴즈에 도전할 수 있다!

› 영어를 배울 때에도 '5W1H'라고 있지요? 중국어도 마찬가지입니다. 한국어에서의 육하원칙이 바로 그것이지요! 그럼 지금까지 배웠던 의문사를 정리해 볼까요? 질문을 주고 받기 위해 반드시 알아야 하고 스토리 구성에도 필요한 단어이니 반드시 외우세요. 의문사를 사용할 때는 의문조사 '吗'를 붙이면 안 됩니다. 유의하세요!

5W1H		질문	대답
누구 Who	谁 shéi	他是谁? Tā shì shéi? 그는 누구야?	他是我的中国朋友。 Tā shì wǒ de Zhōngguó péngyou. 그는 내 중국인 친구야.
무엇 What	什么 shénme	你想吃什么? Nǐ xiǎng chī shénme? 너는 뭐 먹고 싶어?	我想吃中国菜。 Wǒ xiǎng chī Zhōngguócài. 나는 중국음식 먹고 싶어.
언제 When	什么时候 shénme shíhou	你什么时候上课? Nǐ shénme shíhou shàngkè? 너는 언제 수업이 있어?	我每周三上课。 Wǒ měi zhōusān shàngkè. 나는 수요일 마다 수업이 있어.
어디 Where	哪儿 nǎr	你在哪儿? Nǐ zài nǎr? 너 어디에 있어?	我在学校。 Wǒ zài xuéxiào. 나 학교에 있어.
어느 Which	哪 nǎ	你喜欢哪个? Nǐ xǐhuan nǎge? 너 어떤 거 좋아해?	我喜欢这个。 Wǒ xǐhuan zhège. 난 이거 좋아.
어떻게 How	怎么 zěnme	你怎么上班? Nǐ zěnme shàngbān? 너 어떻게 출근해?	我开车上班。 Wǒ kāichē shàngbān. 나는 운전해서 출근해.

Mission '73개 스피드퀴즈'는 중국에서 유행하는 예능프로그램으로 사회자가 스타 한 명을 초대해 일상생활, 취미, 습관 등 여러 가지와 관련된 질문을 합니다. 어떤 질문은 진행자가 하기도 하고 인터넷을 통해 팬이 질문을 하는 경우도 있는데, 스타는 반드시 즉문즉답해야 합니다. 여러분도 이 책을 공부하고 나면 중국어 '73개 질문' 프로그램에 도전할 수 있지 않을까요? 우선 24개 스피드 퀴즈에 답해 보세요! 모두 완료하였다면 미션 성공!

	진행자	답변자
1	你好! Nǐ hǎo! 안녕하세요!	你好! Nǐ hǎo! 안녕하세요!
2	今天天气很好! Jīntiān tiānqì hěn hǎo! 오늘 날씨 참 좋네요!	对，不冷也不热。 Duì, bù lěng yě bú rè. 네. 춥지 않고 덥지도 않아요.
3	你每天晚上几点回家? Nǐ měitiān wǎnshang jǐ diǎn huíjiā? 매일 저녁 몇 시에 집에 돌아와요?	十点。 Shí diǎn. 10시에요.
4	你现在累吗? Nǐ xiànzài lèi ma? 지금 피곤하나요?	还可以，我不太累。 Hái kěyǐ, wǒ bútài lèi. 괜찮아요. 별로 피곤하지 않아요.
5	你每天几点睡觉? Nǐ měitiān jǐ diǎn shuìjiào? 매일 몇 시에 자요?	我每天十一点睡觉。 Wǒ měitiān shíyī diǎn shuìjiào. 매일 11시에 자요.
6	你每天早上几点起床? Nǐ měitiān zǎoshang jǐ diǎn qǐchuáng? 매일 아침 몇 시에 일어나요?	我每天七点起床。 Wǒ měitiān qī diǎn qǐchuáng. 전 매일 7시에 일어나요.
7	你在哪儿吃早饭? Nǐ zài nǎr chī zǎofàn? 아침밥은 어디에서 먹어요?	我不吃早饭。 Wǒ bù chī zǎofàn. 전 아침을 안 먹어요.
8	你几点上班? Nǐ jǐ diǎn shàngbān? 몇 시에 출근해요?	我九点上班。 Wǒ jiǔ diǎn shàngbān. 9시에 출근해요.
9	你怎么上下班? Nǐ zěnme shàngxiàbān? 출퇴근은 어떻게 해요?	我开车上下班。 Wǒ kāichē shàngxiàbān. 운전해서 출퇴근해요.
10	你工作忙吗? Nǐ gōngzuò máng ma? 일이 바빠요?	非常忙。 Fēicháng máng. 굉장히 바빠요.
11	你中午在哪儿吃饭? Nǐ zhōngwǔ zài nǎr chīfàn? 점심은 어디에서 먹어요?	我在办公室吃饭。 Wǒ zài bàngōngshì chīfàn. 사무실에서 먹어요.
12	你喜欢喝咖啡吗? Nǐ xǐhuan hē kāfēi ma? 커피 마시는 거 좋아해요?	喜欢。 Xǐhuan. 좋아해요.

	진행자	답변자
13	你今天喝了几杯咖啡? Nǐ jīntiān hē le jǐ bēi kāfēi? 오늘 커피 몇 잔 마셨어요?	我今天喝了三杯咖啡。 Wǒ jīntiān hē le sān bēi kāfēi. 오늘 3잔 마셨어요.
14	你喜欢你的工作吗? Nǐ xǐhuan nǐ de gōngzuò ma? 당신이 하는 일을 좋아하나요?	还可以。 Hái kěyǐ. 할만해요.
15	你几点下班? Nǐ jǐ diǎn xiàbān? 몇 시에 퇴근해요?	我今天八点下班。 Wǒ jīntiān bā diǎn xiàbān. 오늘 8시에 퇴근해요.
16	你喜欢喝酒吗? Nǐ xǐhuan hē jiǔ ma? 술 마시는 거 좋아해요?	对，喜欢。 Duì, xǐhuan. 네. 좋아해요.
17	你喜欢和谁喝酒? Nǐ xǐhuan hé shéi hē jiǔ? 누구와 술 마시는 거 좋아해요?	我喜欢和朋友们喝酒。 Wǒ xǐhuan hé péngyoumen hē jiǔ. 친구들과 술 마시는 거 좋아해요.
18	你星期六想做什么? Nǐ xīngqīliù xiǎng zuò shénme? 토요일에 뭐 하고 싶어요?	我想在家睡觉、看书。 Wǒ xiǎng zài jiā shuìjiào、kàn shū. 집에서 자고 책 보고 싶어요.
19	看什么书? Kàn shénme shū? 무슨 책 봐요?	汉语书。 Hànyǔ shū. 중국어 책이요.
20	汉语难吗? Hànyǔ nán ma? 중국어 어려워요?	有点儿难。 Yǒudiǎnr nán. 조금 어려워요.
21	你去过中国吗? Nǐ qùguo Zhōngguó ma? 중국에 간 적 있어요?	没去过，我想去。 Méi qùguo, wǒ xiǎng qù. 가본 적이 없어요. 가고 싶어요.
22	你吃过中国菜吗? Nǐ chīguo Zhōngguócài ma? 중국요리 먹어본 적이 있어요?	吃过，我很喜欢。 Chīguo, wǒ hěn xǐhuan. 먹어본 적 있어요. 아주 좋아해요.
23	学汉语有意思吗? Xué Hànyǔ yǒuyìsi ma? 중국어 공부하는 거 재미있어요?	很有意思。 Hěn yǒuyìsi. 재미있어요.
24	你的汉语很好。加油! Nǐ de Hànyǔ hěn hǎo. Jiāyóu! 중국어 잘하네요. 파이팅!	谢谢! Xièxie! 감사합니다!

레알~ 중국 맛보기!

중국의 대중교통

중국은 대도시를 중심으로 대중교통이 체계적으로 잘 정비되어 있습니다. 버스, 지하철, 택시로 어디든 편리하게 오갈 수 있는데요. 중국에서 대중교통을 이용할 때 염두에 두어야 할 점 몇 가지를 소개합니다.

지하철 타기

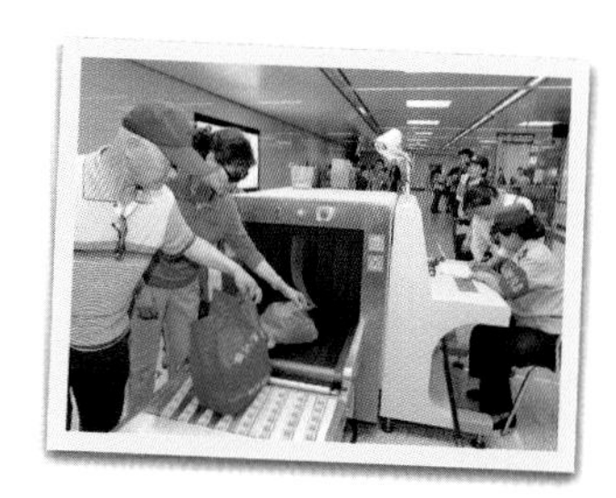

중국 지하철역에는 공항에서나 볼 수 있는 보안 검색대가 있습니다. 검색대 위에 소지품을 올려두면, 보안요원 두 명이 근엄하게 서서 모니터링을 하는 모습을 볼 수 있는데요. 출퇴근 시간에는 보안검사로 인해 지상까지 길게 줄이 이어집니다. 지하철을 이용할 때에는 이 점을 감안하세요.

길 건너기

한국에는 사거리에 대부분 좌회전 신호가 있지만, 중국에는 '비보호 좌회전'인 경우가 많습니다. 사거리에서 녹색등을 보고 횡단보도를 건널 때에도 비보호 좌회전하는 차가 올 수 있기 때문에 조심해야 합니다!

택시는 앱으로 부르기

몇 년 전부터 한국에서도 스마트폰 앱(App)으로 택시를 부를 수 있게 됐지만, 중국에선 이미 훨씬 오래 전부터 일상화된 풍경입니다. 예전에 사람들은 길에서 손을 들어 택시를 잡기도 했지만, 요즘 중국에서 그런 경우는 찾아볼 수 없을 정도가 되었습니다. 때문에 중국에 잠시 여행을 와서 앱을 사용할 수 없는 외국인이라면 택시 잡기는 거의 불가능합니다. 그러니 숙소의 직원이나 현지 친구의 도움을 받는 것이 필수입니다.

부록

10일 중국어로
新HSK 1급 도전!

1 新HSK 1급 한자 정리
2 新HSK 1급 단어 정리
3 新HSK 1급 문법 정리

1 新HSK 1급 한자 정리(173개)

성조 / 운모	1성 45개	2성 27개	3성 38개	4성 56개	경성 7개
	→	↗	↘↗	↘	
a	妈 mā, 八 bā, 他 tā, 她 tā, 它 tā, 开 kāi, 猫 māo, 高 gāo, 三 sān, 商 shāng	茶 chá, 来 lái	打 dǎ, 哪 nǎ, 买 mǎi, 好 hǎo, 少 shǎo, 老 lǎo, 脑 nǎo	爸 bà, 大 dà, 那 nà, 爱 ài, 太 tài, 在 zài, 再 zài, 菜 cài, 号 hào, 看 kàn, 饭 fàn, 汉 hàn, 上 shàng	吗 ma, 吧 ba
o	都 dōu, 东 dōng, 钟 zhōng, 工 gōng, 中 zhōng	同 tóng	我 wǒ, 狗 gǒu	后 hòu	
e	喝 hē, 车 chē, 杯 bēi, 飞 fēi, 分 fēn, 生 shēng	和 hé, 儿 ér, 没 méi, 人 rén, 什 shén, 朋 péng, 能 néng	本 běn, 很 hěn, 怎 zěn, 冷 lěng	个 gè, 热 rè, 客 kè, 这 zhè, 认 rèn, 二 èr	的 de, 了 le, 呢 ne, 么 me, 们 men
i	七 qī, 一 yī, 西 xī, 机 jī, 期 qī, 衣 yī, 医 yī, 今 jīn, 星 xīng, 听 tīng, 家 jiā, 天 tiān, 先 xiān, 些 xiē	习 xí, 明 míng, 名 míng, 苹 píng, 钱 qián, 前 qián, 年 nián	几 jǐ, 里 lǐ, 你 nǐ, 起 qǐ, 米 mǐ, 喜 xǐ, 椅 yǐ, 请 qǐng, 影 yǐng, 小 xiǎo, 点 diǎn, 想 xiǎng, 有 yǒu, 友 yǒu, 九 jiǔ, 姐 jiě, 写 xiě	气 qì, 系 xì, 下 xià, 叫 jiào, 电 diàn, 见 jiàn, 面 miàn, 店 diàn, 现 xiàn, 漂 piāo, 觉 jiào, 校 xiào, 亮 liàng, 样 yàng, 谢 xiè, 兴 xìng, 六 liù, 月 yuè	
u	书 shū, 出 chū, 租 zū, 关 guān, 欢 huān, 多 duō, 说 shuō, 桌 zhuō	读 dú, 服 fú, 昨 zuó, 国 guó, 回 huí, 谁 shuí(shéi)	五 wǔ, 午 wǔ, 果 guǒ, 水 shuǐ	不 bù, 住 zhù, 话 huà, 块 kuài, 院 yuàn, 岁 suì, 坐 zuò, 做 zuò, 作 zuò, 喂 wèi, 会 huì, 对 duì, 睡 shuì	
ü		元 yuán, 学 xué	女 nǚ, 语 yǔ, 雨 yǔ	去 qù	
zi,ci,si			子 zǐ	四 sì, 字 zì	
zhi,chi,shi	吃 chī, 师 shī	十 shí, 识 shí		是 shì, 视 shì	

2 新HSK 1급 단어 정리 및 발음연습 표

성조	1성	2성	3성	4성	경성
	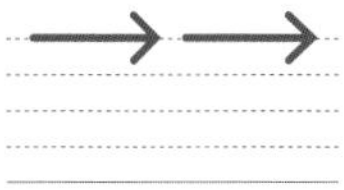	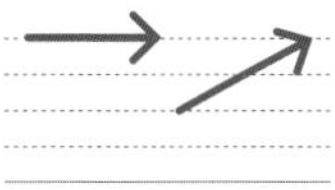	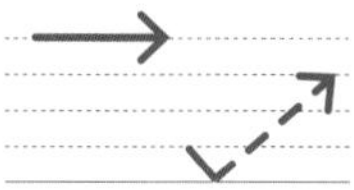	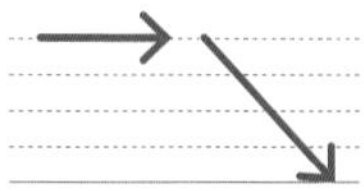	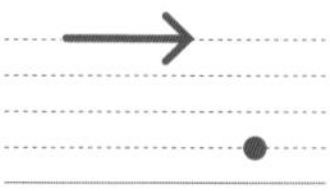
1성	飞机 fēijī 비행기, 分钟 fēnzhōng (시간의) 분, 医生 yīshēng 의사, 今天 jīntiān 오늘, 星期 xīngqī 요일, 出租 chūzū 임대하다	中国 Zhōngguó 중국, 三十 sānshí 30, 七十 qīshí 70, 八十 bāshí 80	喝水 hēshuǐ 물 마시다, 中午 zhōngwǔ 점심, 三点 sān diǎn 3시, 七点 qī diǎn 7시, 八点 bā diǎn 8시, 三百 sān bǎi 300, 七百 qī bǎi 700, 八百 bā bǎi 800	高兴 gāoxìng 기쁘다, 工作 gōngzuò 일/일하다, 天气 tiānqì 날씨, 医院 yīyuàn 병원, 商店 shāngdiàn 상점, 一月 yī yuè 1월, 三月 sān yuè 3월, 七月 qī yuè 7월, 八月 bā yuè 8월	妈妈 māma 엄마, 杯子 bēizi 컵, 东西 dōngxi 물건, 多少 duōshao 얼마, 关系 guānxi 관계, 衣服 yīfu 옷, 桌子 zhuōzi 탁자, 先生 xiānsheng 선생, 씨
	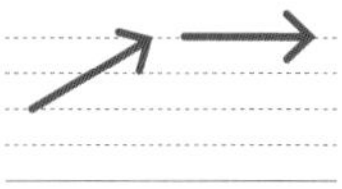	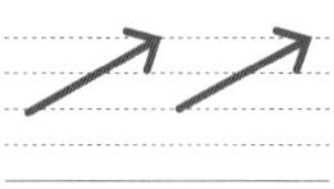	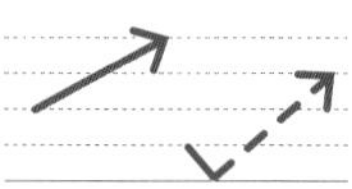	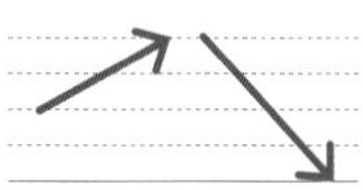	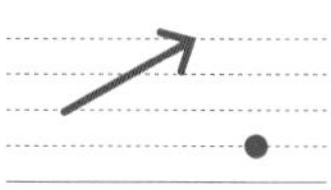
2성	明天 míngtiān 내일, 学生 xuéshēng 학생, 十一 shíyī 11, 十三 shísān 13, 十七 shíqī 17, 十八 shíbā 18	同学 tóngxué 학교 친구, 学习 xuéxí 학습(하다)	没有 méiyǒu ~이 없다, 苹果 píngguǒ 사과, 十五 shíwǔ 15, 十九 shíjiǔ 19, 十点 shí diǎn 10시	学校 xuéxiào 학교, 十二 shí'èr 12, 十四 shísì 14, 十六 shíliù 16	儿子 érzi 아들, 朋友 péngyou 친구, 前面 qiánmian 앞(쪽), 什么 shénme 무엇, 名字 míngzi 이름, 时候 shíhou ~할 때

성조	1성	2성	3성	4성	경성
3성	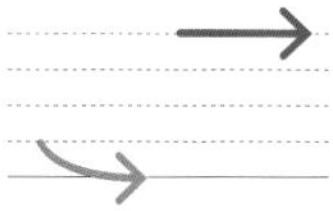 老师 lǎoshī 선생님, 北京 Běijīng 베이징, 打开 dǎkāi 열다, 哪些 nǎxiē 어떤	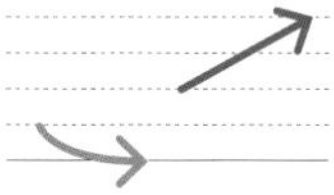 有钱 yǒuqián 돈이 있다, 부유하다, 五十 wǔshí 50, 九十 jiǔshí 90	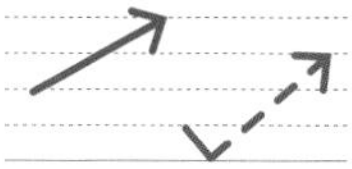 几点 jǐ diǎn 몇 시, 很冷 hěn lěng 춥다, 很好 hěn hǎo 좋다, 小姐 xiǎojiě 아가씨, 水果 shuǐguǒ 과일, 两点 liǎng diǎn 2시, 五点 wǔ diǎn 5시, 九点 jiǔ diǎn 9시, 两百 liǎng bǎi 2시, 五百 wǔ bǎi 500, 九百 jiǔ bǎi 900	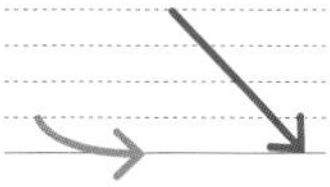 很热 hěn rè 덥다, 米饭 mǐfàn (쌀)밥, 请坐 qǐng zuò 앉으세요, 五月 wǔ yuè 5월, 九月 jiǔ yuè 9월	 我们 wǒmen 우리, 喜欢 xǐhuan 좋아하다, 椅子 yǐzi 의자, 我的 wǒ de 내 것, 你呢 nǐ ne 당신은요
4성	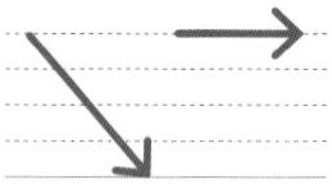 那些 nàxiē 저것들, 这些 zhèxiē 이것들	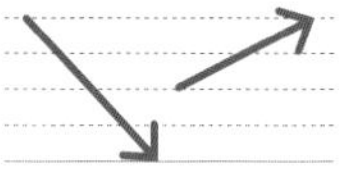 二十 èrshí 20, 四十 sìshí 40, 六十 liùshí 60	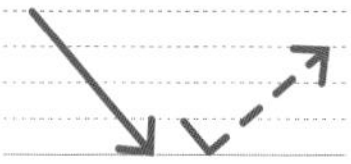 汉语 Hànyǔ 중국어, 电脑 diànnǎo 컴퓨터, 上午 shàngwǔ 오전, 下午 xiàwǔ 오후, 下雨 xiàyǔ 비오다, 一点 yì diǎn 1시, 四点 sì diǎn 4시, 六点 liù diǎn 6시, 一百 yì bǎi 100, 二百 èr bǎi 200, 四百 sì bǎi 400, 六百 liù bǎi 600	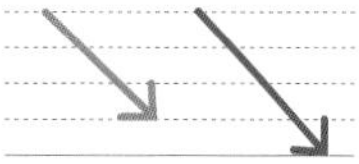 饭店 fàndiàn 호텔, 식당, 看见 kànjiàn 보다, 电话 diànhuà 전화, 电视 diànshì 텔레비전, 现在 xiànzài 지금, 睡觉 shuìjiào 잠자다, 二月 èr yuè 2월, 四月 sì yuè 4월, 六月 liù yuè 6월	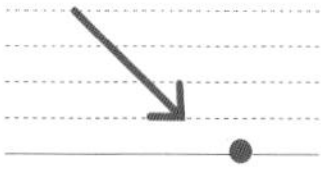 爸爸 bàba 아빠, 漂亮 piàoliang 예쁘다, 后面 hòumian 뒤(쪽), 客气 kèqi 겸손하다, 谢谢 xièxie 감사합니다, 认识 rènshi 인식하다, 这个 zhège 이것, 那个 nàge 저것, 这么 zhème 이렇게, 那么 nàme 저렇게

❸ 新HSK 1급 문법 정리

1 대명사

1. 인칭대명사

- 단수 : 我 wǒ 나 / 你 nǐ 너 / 他 tā 그, 그 남자 / 她 tā 그녀, 그여자 / 它 tā 그것
  - 예 她是我的老师。 그녀는 내 선생님이에요.
- 복수 : 我们 wǒmen 우리, 你们 nǐmen 너희, 他们 tāmen 그들, 她们 tāmen 그녀들
  - 예 他们是我的朋友。 그들은 내 친구예요.

2. 지시대명사

- 这 zhè 이, 이것 / 那 nà 그, 그것, 저, 저것
  - 예 这是我的书。 이것은 내 책이에요.

3. 의문대명사

- 谁 shéi 누구 / 哪 nǎ 어느 / 哪儿 nǎr 어디 / 什么 shénme 무엇 / 怎么 zěnme 어떤 / 怎么样 zěnmeyàng 어떠한가

2 수사

1. 시간

예 8点 40分　8시 40분

2009年 7月 7日 星期四　2009년 7월 7일 목요일

2. 나이

예 他今年 24岁。 그는 올해 24살이에요.

3. 돈

예 15块　15위안

4. 번호

예 我的电话是58590000。 내 전화번호는 58590000이에요.

3 양사

1. 명사의 양사 : 个 gè 개 / 本 běn 권

2. 동사의 양사 : 次 cì 번, 회

3. 这 zhè / 那 nà + 양사

- 단수 : 这个 zhège 이것 / 那个 nàge 저것
- 복수 : 这些 zhèxiē 이것들 / 那些 nàxiē 저것들

4. 几 jǐ + 양사 : 几个 jǐ gè 몇 개 / 几本 jǐ běn 몇 권 / 几次 jǐ cì 몇 번

4 부사	1. 부정(不 bù / 没 méi) 예 我不是学生。 나는 학생이 아니에요. 他没去医院。 그는 병원에 안 갔어요. 2. 정도(很 hěn 매우 / 太 tài 너무) 예 她很高兴。 그녀는 기뻐요. 太好了! 너무 좋아요! 3. 범위(都 dōu 모두) 예 我们都学习汉语。 우리는 모두 중국어를 공부해요.
5 접속사	1. 和 hé ~와/과 예 我和你 너와 나
6 전치사 (개사)	1. 在 zài ~에서(장소) 예 我住在北京。 나는 베이징에 살아요.
7 조동사 (능원 동사)	1. 会 huì (배워서) ~할 수 있다, ~할 줄 알다 예 我会做饭。 나는 밥을 할 수 있어요.(밥을 할 줄 알아요.) 2. 能 néng (조건이나 능력이 되어서) ~할 수 있다 예 你能来吗? 당신 올 수 있어요?
8 조사	1. 구조조사(的 de ~의, ~한) 예 我的电脑 내 컴퓨터 2. 어기조사(了 le / 吗 ma / 呢 ne) 예 她去医院了。 그녀는 병원에 갔어요. 他是医生吗? 그 사람 의사예요? 你在哪儿呢? 당신 어디인 거예요?

9 술어문	**1. 긍정문** ① '是'자구 예 她是我的老师。 그녀는 나의 선생님이에요. 我是韩国人。 나는 한국인이에요. ② '有'자구 예 一年有12个月。 1년은 12개월이에요. 我有一个哥哥。 나는 오빠(형)이 한 명 있어요. ③ 명사술어문 예 明天星期六。 내일은 토요일이에요. 我今年20岁。 저는 올해 20살이에요. ④ 동사술어문 예 我学汉语。 나는 중국어를 배워요. 他喝咖啡。 그는 커피를 마셔요. ⑤ 형용사술어문 예 天气很好。 날씨가 좋아요. 汉语非常难。 중국어는 정말 어려워요. **2. 부정문** ① 不 bù 예 她不回家。 그녀는 집에 가지 않아요. ② 没 méi 예 她没回家。 그녀는 집에 가지 않았어요.

10 의문문	1. 吗 ma 예 这是你的书吗？ 이것은 당신 책인가요? 2. 呢 ne 예 我是中国人，你呢？ 저는 중국인이에요, 당신은요? 3. 几 jǐ 예 你几岁？ 당신은 몇 살이에요? 现在几点？ 지금 몇 시예요? 你星期几上课？ 당신은 무슨 요일에 수업이 있어요? 4. 谁 shéi / 哪 nǎ / 哪儿 nǎr / 什么 shénme / 怎么 zěnme / 怎么样 zěnmeyàng 예 那个人是谁？ 저 사람은 누구예요? 你要哪个？ 당신은 어떤 것을 원하나요? 你想去哪儿？ 당신은 어디에 가고 싶어요? 你爱吃什么水果？ 당신은 어떤 과일을 (먹는 걸) 좋아하나요? 你怎么了？ 당신 왜 그래요? (무슨 일 있어요?) 这本书怎么样？ 이 책 어때요? 5. 多 duō (多 + 형용사) 예 你多大？ 당신 나이가 어떻게 되나요? 6. 多少 duōshao 예 这个多少钱？ 이거 얼마예요?
11 명령문	1. 请 qǐng 예 请坐。 앉으세요. 请喝茶。 차 드세요. 请问。 좀 여쭐게요. 请看书。 책을 보세요.